JN014571

EGYPTIAN MYSTICISM
FRENCH RADIESTHESIA

ダウジングは、超常現象ではない。

エジプト神秘学とフレンチラディエスセシア

加藤 展生

JSD日本ダウジング協会 会長

エジプシャン三大ペンデュラム

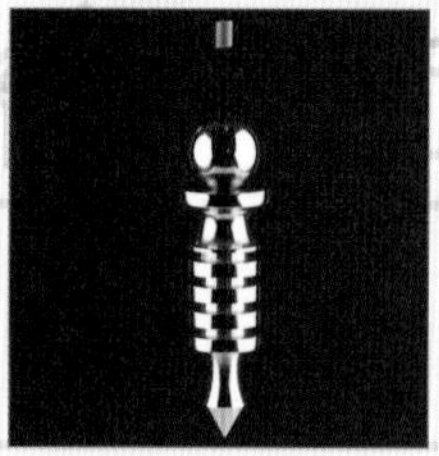

Isis
イシスペンデュラム

アンクとジェドピラー構造の複合。最初に持つべき代表機種。

Karnak
カルナックペンデュラム

カルナック神殿で発掘された最古の機種。遠隔ワークに。

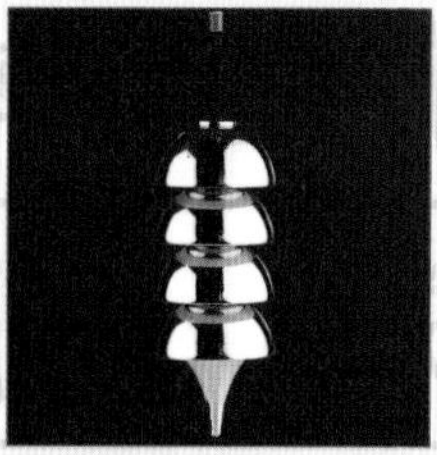

Osiris
オシリスペンデュラム

セミスフィア(半円球)の連結によるネガティブグリーン放射。

センシング型/分析型ペンデュラム

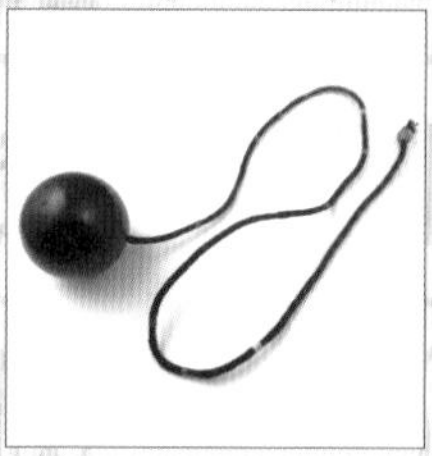

Neutral
ニュートラルペンデュラム

カラーによるエネルギー分析用。クロマセラピーにも利用可。

ラウンドコニカル
ペンデュラム

ダウザー必携の、エネルギー的に中立な素材とシンプル形状。

Conical
コニカルペンデュラム

ベーシックなスタイル。動かしやすく、ポイントを明確に示す。

機能性ペンデュラム

ラディオニック
ペンデュラム

球体内部にセルを内臓。エネルギー分析からヒーリングまで。

Mermet
マーメットペンデュラム

伝説のダウザーのマーメットが設計。ウィトネスを入れる構造。

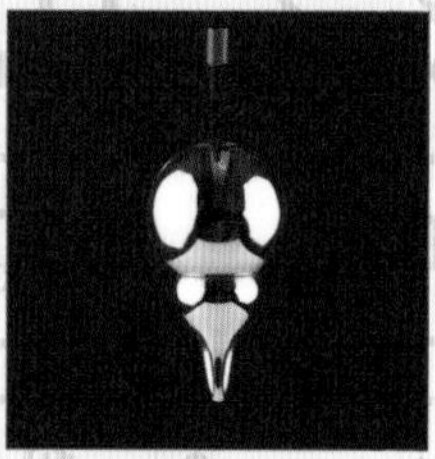

Mermet-U
マーメット U ペンデュラム

マーメット形状をダブルにしたエネルギーアップ機種。

ダウジングロッド/ボバー

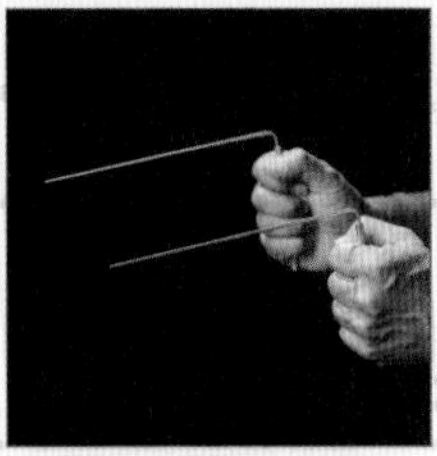

L Rods
Lロッド

金属棒のオープン・クロス・回転の動きで探知と分析。

Bobber
スーザン・コリンズ ボバー

先端のボブとコイルスプリングにより、しなやかな反応。

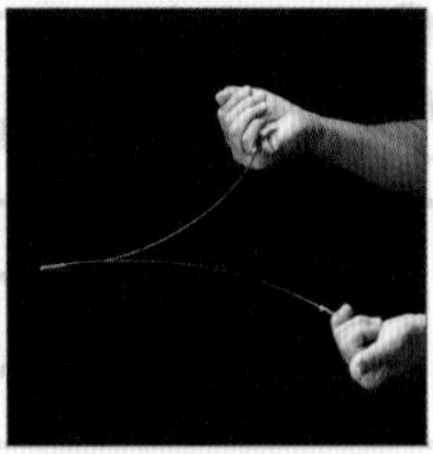

V Rods
Vロッド

ダウジングの起源といえるツール。棒の反発力を利用して探知。

エネルギー測定用ツール

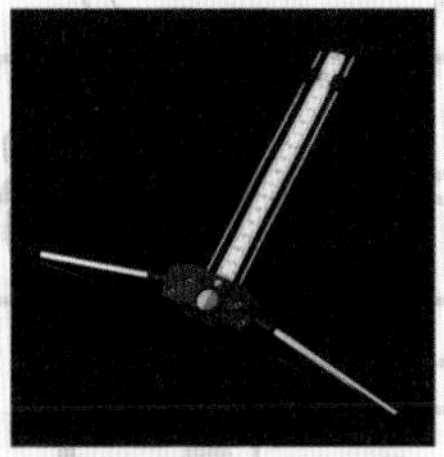

レカーアンテナ

共鳴の法則を元に固有のエネルギー周波数を角度で測定。

キャメロン
オーラーメーター

5つの動きを兼ね備えたマルチツール。アースエナジー測定に。

フィクショナルコーン
ペンデュラム

円盤の位置により仮想の円錐を生成し、エネルギーを分析。

アトランティス形状ディバイス

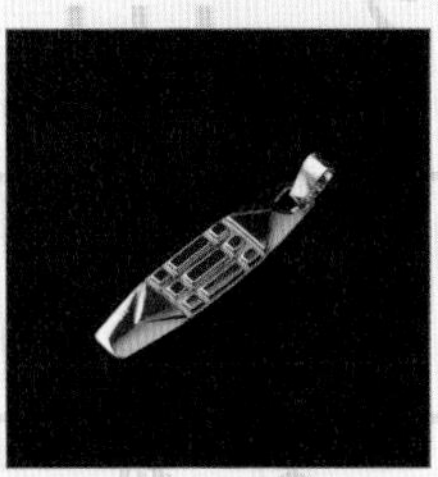

Atlantis Pendant
アトランティスペンダント

アトランティス時代の叡智による秘宝のシンボル。

Atlantis Ring
アトランティスリング

ファラオの呪いから逃れたとされるプロテクション効果。

Atlantis Cross
アトランティスクロス

遙か古代に存在したとされる形状。古代エジプトでも活用。

日本製ペンデュラム G.E.M.シリーズ

H3イシスペンデュラム

ハーモニックエネルギーとイシスのコンビネーション。

インテグレイテッド・カルナックペンデュラム

高度なセンシビリティ。温かみのあるヒーリングエネルギー。

インテグレイテッド・オシリスペンデュラム

ピラミッドパワーの源泉であるネガティブグリーンを放射。

H3-19プロフェッショナル・イシスペンデュラム

究極のバランシング、調和と統合のエネルギーを最大化。

NKヒーリングマスターペンデュラム

最古にして最先端の複合。ヒーリング機種の完成形として。

ジェドピラーペンデュラム

安定とバランスを司るエジプト叡智の根源にして神秘形状の要。

インテグレイテッド・アトランティスペンデュラム

エジプト研究者が魅了された至高のバランスエネルギーを放射。

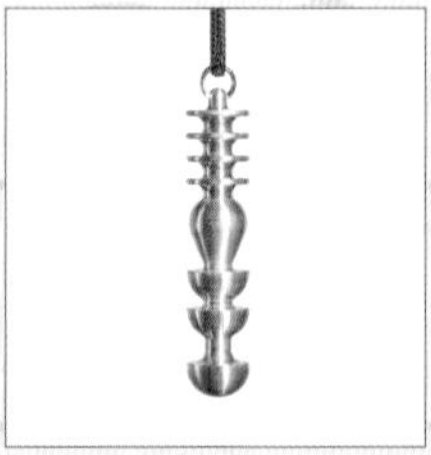

テトラペンデュラム

大いなる意識とのコネクションをつくる意図をもって製作。

ハイパーコニカル・センシングペンデュラム

伝統的スタイルにジェドピラー構造を組み込む。

19世紀のヨーロッパでエジプト神秘学の研究者が次々と現れた後、20世紀初頭のパリでフレンチラディエスセシアという新たな分野が生まれ、その潮流は現代に引き継がれました。古代エジプト遺跡から発掘された神秘幾何学形状の研究が進み、エネルギーアップされた新たな機種が誕生しています。

まえがき　ダウジングで何が変わりますか？

「ダウジングって何ですか？」

　この分野に携わって活動している私は、さまざまな人からこの質問をいただきます。この「ダウジングとは何か？」については、まったくそのままのタイトルで作家の田口ランディさんと本にしましたが、それでもいまだこの根本的な質問だけは絶えたことがありません。

　ざっくりと「何ですか？」と聞かれるくらいですから、まだまだ認知されていない分野だとは理解していますし、メディアでは占いやオカルト、奇術、超能力のようなものとして扱われることを踏まえれば仕方のないことかもしれません。

　それでも「何ですか？」と質問してくれる人からは、単なる好奇心を越えたものを感じるのは事実です。「何か役立つのではないか、自分の力を引き出すことができるのではないか」と考えておられるのかと。

　そもそもダウジングとは遙か昔、人類が生存のために生み出した技術です。狩猟採集をしていた原始人が木の枝を構えてその反応から水脈を探したことから始まっています。この知見は古代エジプトでも活用され、遺跡などに痕跡が残されていますし、18世紀の近代ヨーロッパでは研究者が次々と登場し、フレンチラディエスセシアという新たな分野を生み、その潮流は現代に引き継がれています。ダウジングには長い歴史の中で磨き上げられた叡智が蓄えられていると同時に、潜在意識から超意識、最先端のサトルエネルギー理論や量子力学までをも包含した統合的な手法となっているのです。

ただ前述のように本来の姿はほとんど知られておらず、その叡智はごく一部の専門家にしか活用されていないのが現状です。そこで、私はダウジングを学んでから、この現状を変えようとワークショップを催し、ダウザーの育成を行ってきました。最初の著書『エナジーダウジング』では歴史や基本概念から始まり、エネルギーを扱う新たな論を解説し、基本的なテクニックを紹介しました。前著『ダウジングって何ですか?』では、作家の田口ランディさんとの対話を通して、ダウジングにまつわる体験から潜在意識という無限の世界の歩き方を探っていきました。

そして本書では、超常現象だと思われがちなダウジングの常識を塗り替えることをテーマとして、その原理や世界基準の技術情報を提供していきます。

本書の概要をお伝えしておきます。

第1章では皆さんからいただいた質問に答えながら、改めてダウジングとは何なのかを多面的に説明します。

第2章では実際にどう活かすのかを探っていきます。

第3章は、技術論です。エナジーダウジングのベースとなったエジプト神秘学に始まり、私の専門分野であるフレンチラディエスセシアについて、近現代の研究者たちが導き出した成果を日本初公開の情報を含め、丁寧に解説していきます。

第4章では、テクニックを磨きたい、ダウザーとして活動したいという方々からの質問に答える形で技術向上のための考え方をまとめています。

第5章では、ペンデュラムをはじめとしたツールについて、こちらも皆さんからいただいた質問をもとに解説していきます。

最後の第6章は、ＪＳＤ日本ダウジング協会で実際に使用しているテキストをベースにしたＬロッド入門です。ダウジングの代名詞といえる「探知」をマスターしてもらいます。初めての人でも習得できるようにＬロッドの基本的な使い方とトレーニング法を紹介しています。

本書は、読者の皆さんがダウジングを正しく理解し、学んでいただくために書き下ろしましたが、ただの理論や技術では終わらず、日々の生活や人間関係、人生における選択や気づきに活かせるものとなることを前提としています。

「ダウジングって、誰でもできますか？」

と聞かれることもありますが、もちろん誰にでもできます。だからこそ、存在価値があるのです。ダウジングとは、自然科学の法則と人間の感覚を組み合わせて発展してきたものです。あなたが実際にペンデュラムを手にして始めてみると、大げさではなく自分の中の常識が塗り替えられ、新たな感覚を呼び覚ますことになるかもしれません。それは、生き方を変えるほどの何かにも成り得ます。もしこの先、あなたの中でそのようなインパクトが起こったとき、忘れないでいてほしいことがあります。そうさせたのは、著者の私でもなければ他の誰かでもなく、ペンデュラムを手にしたあなた自身だということです。

それでは、最初の質問からお答えしていきます。予備知識は必要ありません。まずはまったくの〝手ぶら〟で読み進めてみてください。

ＪＳＤ日本ダウジング協会　加藤　展生

目次

ダウジングは、超常現象ではない。
エジプト神秘学とフレンチラディエスセシア

まえがき ダウジングで何が変わりますか？ ……1
はじめてのダウジング ……12
始める前に May I？ Can I？ Should I？ ……18
あとがき 調和のシステムを活かすために ……221
著者略歴 ……224

1章

ダウジングとは何ですか？

ペンデュラムは、手で動かしているのですか？……20
そもそも、なぜペンデュラムが動くのでしょうか？……22
ダウジングで占いはできますか？ 金運や恋愛運を上げることはできますか？……24
「何かが見える、感じる」といった霊感とダウジングとの違いは何ですか？……28
超感覚／超意識とは何ですか？ 顕在意識／潜在意識はどう関わっていますか？……30
サトルエネルギーとは何ですか？ ダウジングでいうエネルギーとは何ですか？……32
サトルエネルギーは、人や場所に影響を与えるレベルなのですか？……34
ダウジングで出た答えとは、自分の願望を反映しているだけではないですか？……36
ダウジングの答えは、正しいですか？ どれだけ信憑性がありますか？……38
Column エナジャイズ（増強）の実験……40

2章 ダウジングで何ができますか？

ダウジングの初心者でも、水脈を見つけることができますか？ ……42

捜索中の人や迷子のペットを見つけることができますか？ ……46

ダウジングでヒーリングセラピーや施術ができますか？ ……48

遠く離れた人にもヒーリングできますか？ ……54

地球のエネルギーラインや聖地、パワースポットを探すことはできますか？ ……58

土地（場や空間）のエネルギー調整ができますか？ ……60

Column　エネルギーのINとOUT ……63

クライアントのアロマを選べますか？

会ったことがない人にもできますか？ ……64

3章 エジプト神秘学とラディエスセシア

技術を学ぶということ ダウジングは、理解するものか体験するものか ……68
古代エジプトの神秘学からラディエスセシアへ ……74
古代エジプトの遺跡に残されていた神秘幾何学形状 ……90
隠されていた最後のエネルギー ネガティブグリーン ……100
治療家エネルが残した、ネガティブグリーンのセラピー ……102
ピタゴラスと弟子たちが発見した一本弦の原理（モノコードプリンシプル） ……104
エネルギーをカラーで識別する①ニュートラルペンデュラム ……106
エネルギーをカラーで識別する②フィクショナルコーンペンデュラム ……112
エネルギーをカラーで識別する③セカンドフィクショナルコーン ……120
エネルギーはさらに2分類される マグネティック／エレクトリック ……124

4章 スキルアップの為のQ&A

同じ質問をして、人によって別々の結果が出ました。どう解釈しますか？……132

Lロッドがある場所では開き、ある場所では閉じ、ある場所では回転しました。何を意味しますか？……134

意図設定をしないでダウジングすると、どうなりますか？……136

ダウジングのプログラミングは、毎回行う必要がありますか？……138

〝邪気受け〟しないためには、どうしたらよいですか？……140

何らかの存在とつながり、その声を聞く方法はありますか？……144

ダウザーの手には、何らかの力が宿っているのですか？……146

ダウザーがよく山へ行くのはなぜですか？……150

5章 ダウジングツールQ&A

ツールを使う合理的な理由 ダウジングツールの役割 ……154
ダウジングツールの役割①ディテクター（探知器）として ……155
ダウジングツールの役割②エミッター（放射器）として ……156
ダウジングツールの役割③ハーモナイザー（調整器）として ……158
どのツールを選べばよいですか？ どのペンデュラムを選べばよいですか？ ……160
天然石ペンデュラムは浄化が必要で、金属製ペンデュラムは浄化が不要ですか？ ……164
アンク／アトランティスクロスは、どのように使いますか？ ……165
形状エネルギーを放射するペンデュラムは、何もしなくても効果がありますか？ ……166
複合型のペンデュラムの方が優れていますか？ ……168
ヒーラーが持つべきペンデュラムはありますか？ ……170

6章
Lロッドのトレーニング

Lロッドで探知（ディテクション）と追跡（トレース）をマスターする ……178
Lロッドのトレーニング 構え方からプログラミングまで ……180
Lロッドのトレーニング 水道管の探知にトライ! ……188
Lロッドのトレーニング 追跡のテクニック ……192
LロッドのトレーニングYES／NOクエスチョン ……196
ウォーターディバイニング 水脈探しの実践 ……198
Lロッドやペンデュラムでオーラを測定する ……206
さまざまなダウジングロッド ボバー／Yロッド・Vロッド／オーラーメーター ……210
Vロッドで土地のエネルギー分析 フランスでのダウジングツアー ……216
Column ネガティブグリーンからBG3、H3へ ……220

はじめてのダウジング

まずはペンデュラムを〝受信器〟として使う、YES／NOクエスチョンから始めてみましょう。すでにペンデュラムを持っているならば、手元に用意してください。ペンデュラムがなければキーホルダーやペンダントで代用できますし、五円玉に紐を通したものでもかまいません（五円玉は2、3枚重ねて振り子として適当な重さにします）。

ペンデュラムの準備ができたら、ダウジングで聞くこと＝質問文を考えておきましょう。STEP⑥の動作確認では、「私の性別は女性ですか？」というように答えが明らかな質問を、STEP⑦ではあなたが知りたいことを質問します。

例えば、「私の職業は、○○ですか？」「この化粧品は、私の肌に合いますか？」というように自分自身への質問から始めてみましょう。もちろん、「明日、○○町の天気は、晴れですか？」「私は今、○○にいますか？」というようにYES／NOではっきり答えが出ることなら、どんな質問でもかまいません。対象の人や物、場所、時間、条件を具体的にした明確な質問文を用意するのがポイントです。

Column

ペンデュラムの持ち方

持つ位置の目安は、先端部分から指3本程度です。親指と人差し指で柔らかく紐（コード）を持ちます。どの方向にも動きやすいように人差し指を伸ばして親指で持ち、中指と小指を自然に添えて支えるようにします。肘は90度に曲げて、手首は軽く曲げてリラックスします。ペンデュラムの紐の端は、掌《てのひら》の中に入れて横から飛び出さないようにします（掌から紐が垂れ下がっていると、それも振り子となるからです）。

ペンデュラムは、利き手で持つ

利き手は指示を出す側の手なので、エネルギーの扱いも利き手の方がうまくいきます。どちらの手でダウジングするか迷う場合は、ペンデュラムを持ち、「こちらの手で持つのが適していますか？」と聞くか、よく動く方でかまいません。

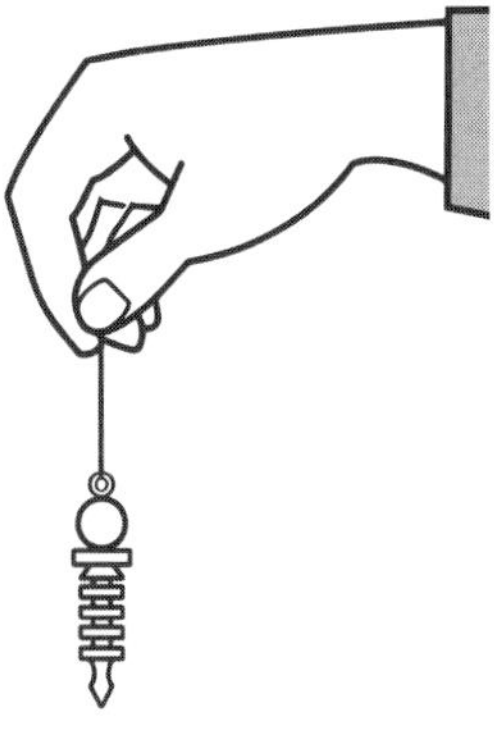

ペンデュラムが重い場合は紐（コード）を長めに持ち、軽く小さい場合は短めに持つと扱いやすくなります。本書を参考に、自分のお気に入りのペンデュラムを見つけてみてください。

STEP①

リラックスする

ペンデュラムを持つ前に、眼を閉じて深呼吸し、心を落ち着けましょう。手や腕や肩はリラックスさせておきましょう。

STEP②

ウォーミングアップ

ペンデュラムを持ち、「時計回りに動いて」「縦に揺れて」「止まって」と語りかけながら自由に動かしてみましょう。ウォーミングアップなので、その通りに動かなくてもかまいません。

STEP③

ニュートラルスイング（意図的な動き）

ペンデュラムを持つ手を動かして（キックスタート）、縦揺れを起こします。止まっている状態よりも、一定の動きがある状態から始める方が、容易かつ自然なダウジングができます。

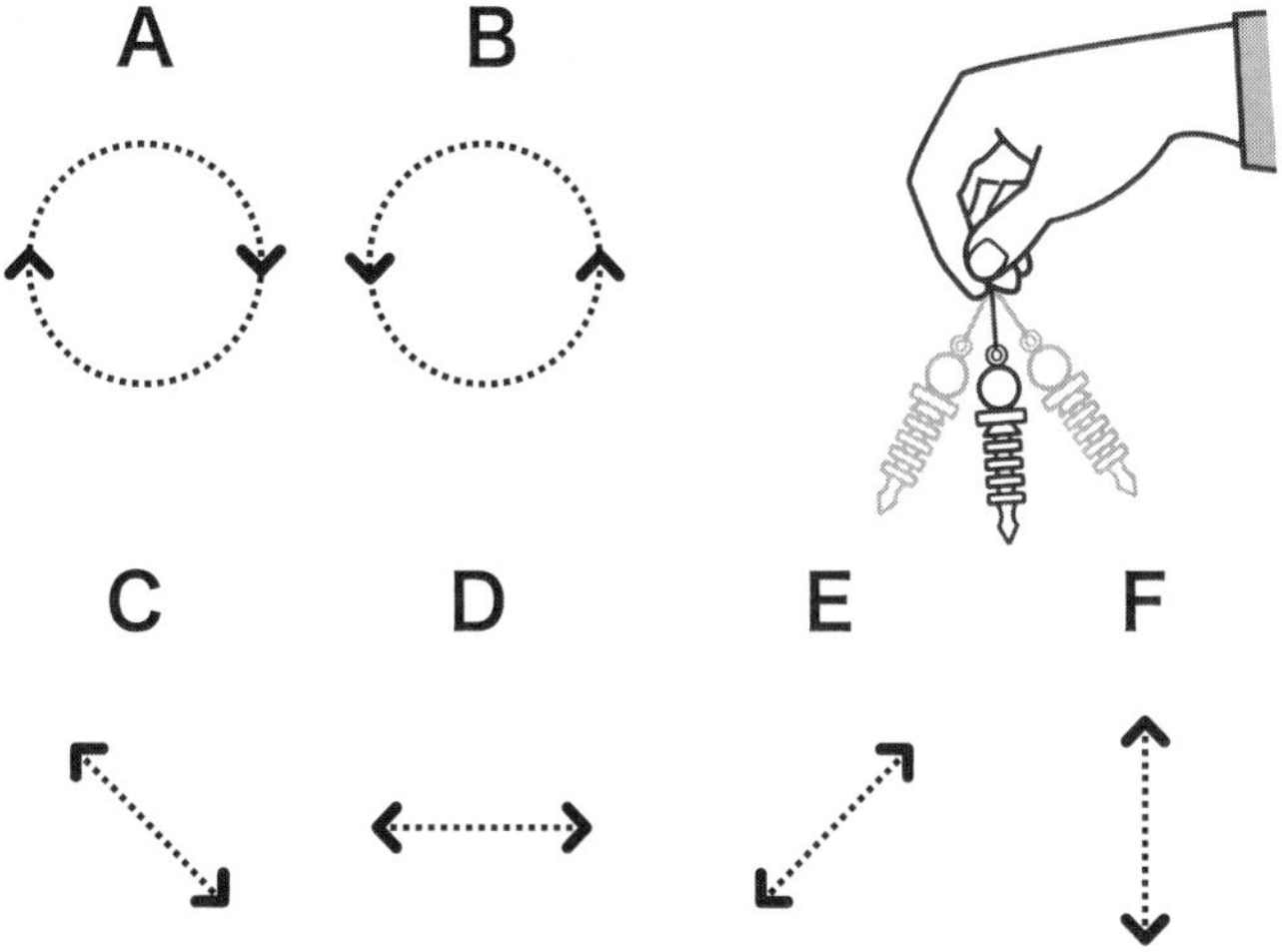

STEP④

メンタルコマンド（意図設定）

上図A～Fの動きをするように、ペンデュラムにメンタルコマンドを実行していきます。ペンデュラムに、A「時計回りに動いてください」と頼み、時計回りに回転することを確認します。次に、ニュートラルスイングに戻るようペンデュラムに頼み、B「反時計回りに動いてください」と頼んで動きを確認し、再びニュートラルスイングに戻します。このような流れで、Fまでの動きをペンデュラムに覚えさせます。最初は手で動かしてもかまいません。

STEP⑤

YES／NOサインの決定

「YESの動きを示してください」

「NOの動きを示してください」

このようにペンデュラムに頼んで、動きを確認します。そのときに示す動きが、あなたのYESサイン、NOサインです。

このサインは、ダウザーによって異なるので、あなた自身の動きを知ることが必要です。忘れないように自身のノートや手帳に記録しておきましょう。

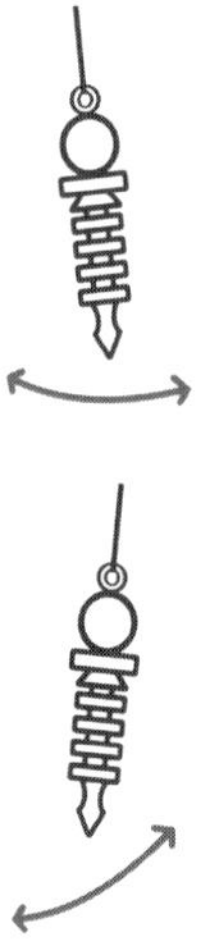

STEP⑥

動作確認

「私は、女性ですか？」

「私の名前は、○○ですか？」

「ここは、○○町ですか？」

このように答えが明らかな質問をして、YES／NOのサインを正しく示すか確認します。正しくサインを示せば、動作がうまくいっていると判断して、ダウジングを行っていきます。誤動作を起こすような場合は、プログラミングと言って、YES／NOの動きをあなた自身が決め、ペンデュラムに覚え込ませてもよいでしょう。

STEP⑦

質問して答えを得る

ペンデュラムに質問をして、その動きによってYES／NOを判断します。明確にYES／NOで答えられる質問を用意することがポイントです。「YESに近い動きをしたので、おそらくYES」という考え方はせず、「不明確な動きは、どちらも示していない」ととらえましょう。ダウジングで調べる対象物がある場合、その対象物（あるいは写真）を指差しながら聞くと、フォーカスがはっきりするので、より的確な答えに導かれるでしょう。最後に、感謝とともに終了します。

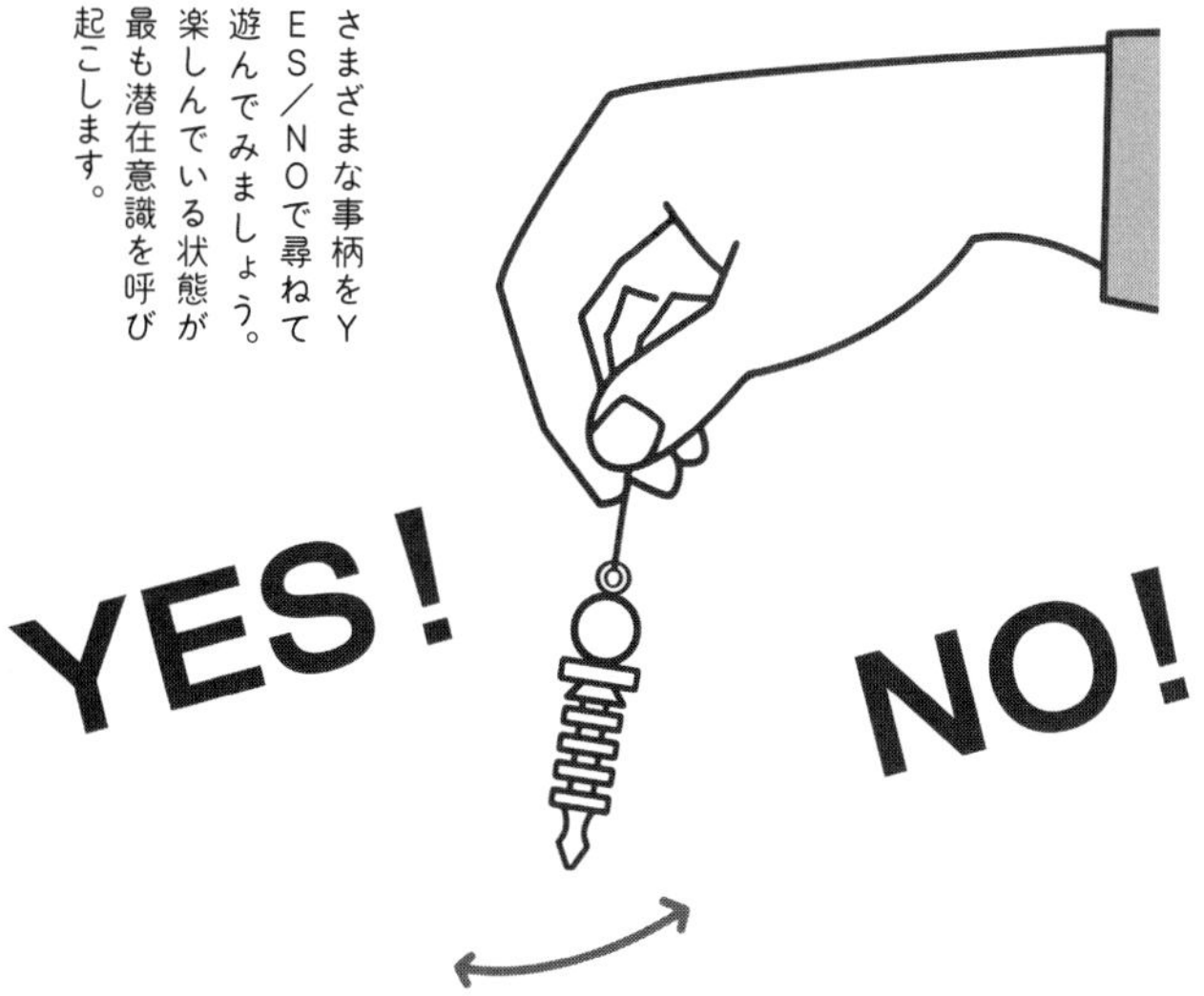

さまざまな事柄をYES／NOで尋ねて遊んでみましょう。楽しんでいる状態が最も潜在意識を呼び起こします。

始める前に May I? Can I? Should I?

実際にダウンジングを始める前に、ペンデュラムで許可、能力、適宜《てきぎ》（状況にかなっていること）、この3つのYES／NOをチェックして安全性や効果性を高めていきます。

「May I？ ～してもよいですか？」（許可）

……許可を得てから、ダウジングを行います。

「Can I？ ～することができますか？」（能力）

……自分にそのダウジングをすることができるかを確認します。

「Should I？ ～するべきですか？」（適宜）

……ダウジングすることが適宜かどうか、今すべきかどうかを確認します。

これらのチェックを行い、すべてYESの場合は実際のダウジングのプロセスへ、NOがある場合はコンディションや意図設定を整える、質問を変える、あるいは別の日時にやり直します。各種の修正でYESが得られたなら、ダウジングのプロセスを進めます。

1章

ダウジングとは何ですか？

ペンデュラムは、手で動かしているのですか？

実際、ダウジングしてみると、

「これって、自分の手が動かしているんじゃないの？」

と考えてしまった人はいませんか？　じつにこれはよく聞く話で、ダウジングの最中に「なんだ、手で動かしているじゃないか、インチキだ」と言われたダウザーもいます。でも、それでよいのです。ダウジングとは、手で動かすものなのです。逆に、手で動かさないとしたなら、何で動かせばよいのでしょうか。

ここでひとつ実験をしてみましょう。まず、ペンデュラム（振り子）を用意してくださ い。手元になければ、ひとまず五円玉に紐を通すと十分に振り子として機能します。もちろん、ネックレスやイヤリング、キーホルダーなど、ゆらゆら揺れるものなら振り子として使えます。そもそも振り子自体に特別な仕掛けはありません。

その振り子を壁のフックやハンガーなどに吊るして、手で持たないようにしてみてください。そして、ちょっとおかしな人に見られるかもしれませんが、ここは意を決して実験を続けます。吊るした振り子に例えば「縦に動いてみて」と話しかけたり、「明日は晴れますか？」などと質問してみてください。

……何が起こりましたか？

もし何かが起こったのなら、あなたはいわゆる超能力者です。その能力をしかるべきところで活用すべきでしょう。ただ、私は各国のプロダウザーと会ってきましたが、そんな能力を持つ人には出会ったことはありませんし、もちろん私自身もそのようなことはできません。ちなみに、これは手を触れずに物を動かす念動力（テレキネシス）という特殊な能力で、もちろんダウジングとはまったく別のものです。

ダウジングは手で動かすといっても、それはあくまでも〝無意識〟によってなのです。振り子で何かをしようとして、対象物にかざしたとき（あるいは、そう意識したとき）、あなたの手の筋肉が対象物のエネルギーに反応して動いて、その動きに即して振り子も動きます。言い換えれば、エネルギーに対する筋肉の反応をそのまま振り子に反映させているだけなのです。

そもそも、なぜペンデュラムが動くのでしょうか？

マッスルテスティング（筋反射テスト）を体験したことはありませんか。Ｏリングテストもそのひとつで、親指と人差し指で輪をつくり、別の人に引っぱってもらい、その輪が外れるかどうかでＹＥＳ／ＮＯを判断します。自分に合うサプリメントやレメディを選ぶときなどに利用されています。人は無意識のうちにポジティブな事柄に対して筋力が増し、ネガティブな事柄に対して筋力が落ちるので、その作用を利用して答えを得るわけです。ダウジングも筋反射テストと同じく、身体の反応をペンデュラムやＬロッドに反映させます。と、このような説明をしましたが、これがすべてではありません。

人は、ある事柄やエネルギーに対して特定の反応を起こします。ダウザーはそれをペンデュラムやＬロッドの動きに映し込みます。無意識のうちに対象に反応して筋肉が動く、その一定のルールを把握して答えを導き出しています。つまり、ペンデュラムが動くのは、前述の通り無意識のうちに腕や指が動いているからです。

ここでのポイントは無意識であることなので、実際のダウジングにおいてはペンデュラムをあたかも意思を持つ生き物であるかのように扱い、語りかけたら無意識で行えるようにする状態までもっていきます。と、これはペンデュラムが動く理由を説明する言葉で、もっと別の理由もあり得ると思いますが、まずはこの理解のもと、たくさんダウジングをやってみてください。そうすれば、さらなる答えに導かれていくと思います。

人間には肉体、感情、魂という具合にさまざまなレベルがあり、ダウジングではそのすべてのレベルとつながります。自分の無意識や潜在意識だけではなく、顕在意識を利用してプログラミングしつつ、自分以外の意識、超意識という領域にもアクセスしていきます。

ダウジングとは何かを短い言葉で説明するならば、カナダダウザー協会の元会長であるスーザン・コリンズは「探知（detection）と変換（transformation）である」と言っています。

さらに言い換えると、ダウジングとは感覚やサトルエネルギー（気）のシステムを利用して、探知や分析を行い、それをリリース（解放・除去）、エナジャイズ（増強）、トランスフォーム（変換）して活用するものです。ペンデュラムが目的に即して動くのは、このシステムにアクセスしているからと言えます。

ダウジングで占いはできますか？金運や恋愛運を上げることはできますか？

ダウジングはセラピーやカウンセリング、さまざまなヒーリングと相乗効果を出せるものなので、占いに限らず何らかの技術と併せて活用されています。もちろん、ダウジングを活用する占い師は多くいます。その様子を見てダウジングは占いの手法だと思う人も多いのですが、実際にはダウジングの技術を占いに導入している形です。決定的な違いは、占いは他人にしてもらうもの、ダウジングは自分で行うもの、という点にあります。

占いは普通では知りえないことの予測、特に未来予測に重点が置かれ、その中で気づきを得るものですが、ダウジングでは知りえないことを知るという行為は探知という分野としてあり、現在に意識を置き、人、物、場所などのバイブレーションを計測するというニュアンスです。そして、ダウジングの理論によってエネルギーを変換して、現実の生活にプラスに作用するようにしていきます。

雑誌やインターネット上で「あなたも金運アップ」「恋が成就する」といった表現を見かけ

たことがあると思います。私がある雑誌の編集部を訪問したときに聞いた話では、読者にとっては金運、恋愛運、この2つの願いがほとんどで、痛みや苦しみが身体に出ると、そのとき初めて健康に対する関心が出てくるのだと。

私の友人で代替医療やヒーリングに関わる会社のある経営者は、こんなことも言っていました。一定の年齢になると病気や古傷で身体の苦痛が出始めるので、心の問題よりもそちらに興味が移行する、しかし、心の問題が身体の苦痛をつくり出していることも多く、心の問題を無視して真の意味の健康はあり得ないと。

金運（仕事運）、恋愛運、健康運の3つが占いやカウンセリングでも代表的なクライアントの興味というのは前述の通りであり、これは人の三大願望と言えますし、労なく運を得たいと思うことは誰でも身に覚えがあるのではないでしょうか。

世の中に奇跡や幸運が存在していることは認めつつも、ダウジングでは次のように考えます。何らかのエネルギー（ここでは、お金や恋愛相手）を受け取りたいなら、そのエネルギーを受け取るに相当する者になること、さらには受け取ったエネルギーと等価のエネルギーを交換することで持続性が生まれます。何かを受け取りたいのなら、それに相当するエネルギーを感謝とともにお返しするのが原則と考えます。

逆の見方をすれば、何の対価（経験、努力や工夫）もなく大金を得たとしたら、とてつもない不幸が待っているということでもあります。宝くじの高額当選者がどのような人生を送ったかを調査したデータを見れば、この原則の裏付けにもなるでしょう。

エネルギー交換の原則において、ダウジングを学ぶことは有効です。何かを受け取りたいのならば、それを受け取る価値のある人間になるということです。あなたのまわりに、なぜか常に運の良い人はいませんか。きっとその人はただ単に運が良いのではなく、良い心、良い行動、良いエネルギーを発信し続けているからこそ、共鳴反応といえるものが起きているはずです。

ダウジングにおいても、必要なエネルギーを受発信するシステムを用いて交流・交換するのが基本です。人生においても同じことが言えるのではないでしょうか。

ギャンブルに使うことは？

「ダウジングを競馬に使ってもよいですか？」

このような質問もよくいただきます。節度をわきまえた範囲であれば、宝くじや競輪競馬などのギャンブルに活用するのも楽しみのひとつとしてよいと思います。ただ、前述の原則で考えてみれば、ギャンブルは胴元が確実に利益を得ながら、強い習慣性を持たせる仕組みになっています。そうでなければ、大多数の人がお金を失っているにもかかわらず、ギャンブルをやり続けることはないはずです。このシステムには調和がないので、調和を基本としているダウジングのシステムとは響き合わないのです。同時に、深くギャンブルに関わっている人とも、調和からは距離があると考えます。

本質的にエネルギー交換の原則があり、調和に向かおうとする力が、ダウジングシステムの根源にあります。

「何かが見える、感じる」といった霊感と、ダウジングとの違いは何ですか？

個人差はありますが、私たちは誰でもエネルギーをキャッチする能力を持っています。そしてどちらかといえば、マイナスのエネルギーに反応しやすい傾向があります。人間は太古から生存のために危険を回避するセンサーを磨いてきたからです。日常生活でも良い話よりネガティブな話に反応してしまうものですが、これもマイナスのエネルギーに敏感なためです。

霊を見たり感じたりする霊感も、このような感覚のひとつと言えます。あるはずのない何かが見えたとしても、本来それには何の害も益もなく、生命が脅かされることはありません。にもかかわらず、霊感によって頻繁に見えないものとつながるということは、会う理由もない人を自宅に連れてきて一緒に暮らしているようなものです。

ですから私は、霊感があることを人に話したり、その感覚に基づいて助言したりすることを好ましいとは思いません。霊能力者といった極めて特殊な役割を持つ人を除き、いわゆる霊感がある状態からすぐに離脱すべきとも考えます。

ダウジングの観点からいえば、自然の微細なエネルギー、人の奥底の真心、そういったものを感じるセンサーを磨いていくべきです。ダウザーたちは聖地と呼ばれる場所に行き、山や丘を歩くことを好みます。私もイギリス、アメリカ、カナダ、フランスで現地のダウザーたちとそのような場所によく出かけました。調和のある良いエネルギーに包まれることで、良いエネルギーをキャッチするセンサーに磨きをかけているのです。

潜在意識にアクセスすることは？

ダウジングではエネルギーをキャッチするために、自身の潜在意識にアクセスしますが、「それは危険なことだ」と主張する人がいるのも確かです。ただ、人間の行動の90％は、潜在意識によってなされています。つまり誰でも常に潜在意識にアクセスしており、ダウジングでは意図的にアクセスするにすぎません。危険と主張する人は、知ったことを受け入れられない、あるいは処理能力を超えてストレスになったという経験があるのかもしれません。

潜在意識の声を聞くことで、現実や自分への理解が深まり、よりよく生きられることがあります。ただし、聞きすぎることで不具合を起こすこともあるでしょう。情報は、必要なときに必要なものを必要なだけ得ることが大切だと思います。

超感覚／超意識とは何ですか？ 顕在意識／潜在意識はどう関わっていますか？

ダウジングでは、顕在意識、潜在意識、超意識、この３つの意識をコントロールしています。顕在意識を指揮者として、潜在意識からの情報をダウジングによって引き出していき、その先にある超意識とつながると考えています。

一般にダウジングというと、メディアでは３つの意識の中でも特に超意識を表現するものですが、この超意識とはけっして超能力でも超常現象でもなく、誰でも経験しているものだと考えています。

身近なところではスポーツです。私は静岡県に住んでいてこちらはサッカーが盛んですが、聞くところでは、サッカー選手たちは上空から見下ろすようにフィールドを見ているのだそうです。そして、調子が良いときはどこに蹴るとボールがどのような軌道を描くか、蹴る前にわかるというのです。ボールの回転、雨のときはそのしぶきがどう飛ぶのかすらも詳細に。

テニスでも似たようなことがあります。トッププロが打つサービスはあまりに速く、それをリターンするときに、視覚的にボールを認識していては間に合いません。ですから、見る前に反応しているわけです。そんな超感覚状態で高いパフォーマンスを維持して、至福感すら味わうことを「ゾーンに入る」とも言います。

ダウジングしていると、社会生活を送るために閉じていた感覚が開き、さまざまなレベルの感度が高まっていきます。いわゆる超感覚というものが発達していくのです。ただし、感度が高まれば高まるほど注意も必要です。もし不利益なものに鋭くつながってしまえば、自分自身の意識や健康を害することもあるからです。そのために大切なのは、潜在意識と顕在意識のやりとりによるプログラムをつくり、共通／類似エネルギーの共振・共鳴（78ページ）を利用し、精度を上げることです。自然に授かる超意識からの情報はあくまで補助的情報として利用する、これがダウザーのスタイルです。

正しい手順を踏み、高いエネルギー状態でつながるべきものとつながっているとき、超意識からの情報は不利益なものを含むことができません。エネルギーは常に同種のものと共振・共鳴するからです。ちなみに、巫女やシャーマンは主に超意識からの情報にアクセスしていると思いますが、彼らはその目的を達成するために正確にアクセスするノウハウがあるのでしょう。

サトルエネルギーとは何ですか？
ダウジングでいうエネルギーとは何ですか？

サトル（subtle）とは「仄《ほの》かな／かすかな」という意味で、サトルエネルギーとは繊細でほのかに感じるレベルのエネルギーのことです。現代科学ではまだ解釈が明確ではありませんが、誰でも頻繁に、それこそ四六時中感じているものではないでしょうか。

ダウジングはまさにこの繊細でほのかな、手で触れられないエネルギーを主として扱っています。実体がない、あるいは三次元的な物質がないエネルギーの場合もあれば、生物・物質・概念の、それらに付随して存在するエネルギーもあります。そしてダウジングでは、科学的な機器では検知できない種類のエネルギーを検知するだけでなく、調整から変換まで行います。

ダウザーは、このサトルエネルギーを独自の感覚でキャッチして理解するケースがありますし、エネルギーを何らかの言語に置き換えて理解していきます。つまり、無数のサトルエネルギーを分析、分類し、何であるのかを理解した上で必要なものに変換していくのです。

　実例を挙げれば、メジャーロゼットを使った手法です。20世紀初頭、フランスのヘンリー・メジャーは8つの色でエネルギーを識別し、実際に水質検査にも使っていました。赤色を指で触ってペンデュラムが反応すると水に鉄分がある、同じように黄色と反応すると硫黄分がある、という調べ方です。水質ごとに異なるエネルギーを色に置き換えたわけです。3章でくわしく解説しますが、ダウジングでは色でエネルギーを識別しますし、角度、弦の長さ、数、比率、動き、音などでも表現しますし、極性やアルカリ度で表そうとする人もいます。

　エネルギーは、さまざまな言葉で表現できます。その三次元的な表現とダウザーが得る、例えば温かい、チリチリする、場合によれば海のようだとか、そんな感覚と同時に具体的な言葉で表現していくわけです。〝こんなふうに〟という感覚には揺らぎがあり、ダウザー個人のものとなりますし、後から同じものに対して感覚が変化することもあり、そのような表現は補助的に使い、メインは先に挙げたメジャーロゼットのような物理的なものとの関連性で認識していきます。

メジャーロゼット

20世紀初頭に活躍したフランスのヘンリー・メジャーがつくった円盤状のチャート。水脈など広い範囲のエネルギー分析や探知に活用できます。

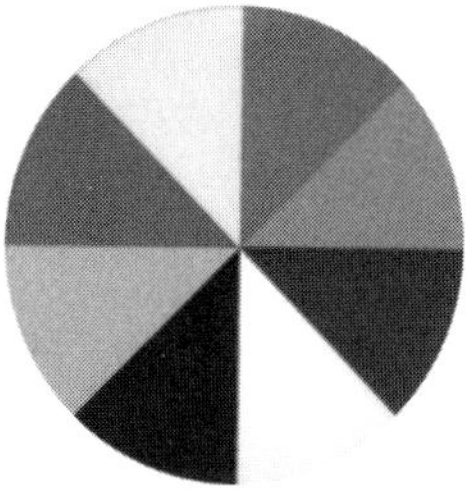

サトルエネルギーは、人や場所に影響を与えるレベルなのですか？

万物は、サトルエネルギーを放っています。そのエネルギーはその生き物や物体の状態を反映したものを放ちます。逆にサトルエネルギーを与えれば、その生き物や物体の状態がそのサトルエネルギーを反映したものに変化していきます。

したがってサトルエネルギーを測定すれば、物体の状態が把握でき、サトルエネルギーによって物体も変化させられるということです。このような理論をもってエネルギーヒーリングは行われます。サトルエネルギーというものは古くから日本では「気」と呼ばれ、中国ではチー、インドではプラーナ、ハワイではマナ、エジプトではカーと呼ばれているように、古来より世界中でその存在が信じられてきました。

サトル（わずかな）と呼ぶだけあって、微妙で繊細で仄《ほの》かなものです。ただ、そのわずかなものが時に人に大きな影響を与えることがあります。私たち人間は、ほんの些細な一言でうれしくなったりすることがありますし、一言で根底から人生が変わる人もいれば、些細な経験が記憶に深く刻み込まれ、その記憶の存在にすら気がついていないのに、長く人生に影響を与えることもあります。

エネルギーも同じで、土地（空間）のエネルギー、特に人体に有害なジオパシックストレスのある土地の場合、10～20年のスパンで影響を受けると考えられます。もしその場所で露骨に苦痛を感じるのであれば、そもそもそんな家には誰も住まないはずです。感じるか感じないか微妙なものだからこそ、そこにベッドを置いてしまうわけです。しかし、その有害な環境に10～20年いることで免疫系の問題を引き起こすとしたら、たとえ微妙なものだとしても見逃すわけにはいかないでしょう。

人のサトルエネルギーも、他者に強い影響を与えます。ですからダウザーは自分のエネルギーを整え、自分が関わる場所のエネルギーを整え、他者のためにその技術を使っていこうとします。特にヒーリングでは、ヒーラーのつくり出すサトルエネルギーによってそっと静かにクライアントに変化をもたらし、身体や心、そしてスピリチュアルなレベルに影響を与え、状況を良くしようとします。そのスイッチによっては急激な好転を起こす場合もありますが、急な変化は強い抵抗が起こりますし、たとえ良い変化だとしても好ましくない結果になることがあるでしょう。そのため、長期的でゆるやかなプロセスをつくろうとします。

ダウジングで出た答えは、自分の願望を反映しているだけではないですか？

慣れてくるとダウジングのツールが自分の手のように、あるいは自ら動いているように扱いますが、それは潜在意識にプログラミングされているからです。ペンデュラムは前述のように、私たちの手や腕が動かしています。ただしそれは無意識のうちに筋肉がエネルギー反応を起こして動かしていると考えられます。

それでも始めたばかりの人は「自分のことを聞くときに願望が入ってしまい、自分に都合のよい方にペンデュラムを回している気がします」と不安をこぼすことがあります。たしかに、自分に望みがある場合、無意識にそれに沿った答えが出ることは十分に考えられますし、ダウジングの結果に自分の願望が反映されるのかと思っていれば、それは反映されてしまいます。それでも、練習を重ねるほどその比率が減って、精度が上がっていくものです。

ですから始めたばかりの頃は、上達していく過程も楽しみながら気軽にやってみてほしいのです。ダウジングは自分自身への探検であり、人と比べる必要はありませんし、人によってゴールに向かって歩く歩幅もスピードもまったく違います。

自分の望みに関わることですら、心をニュートラルに保つことは、トレーニングになります。まずは、自分の利害が伴わず答えがわかっていることでダウジングして慣れていくと、コツがつかめてくるでしょう。

自分で出した答えをさらに検証する

「ダウジングでは、同じ質問を何度もしてよいのですか？」

と質問をいただくこともあります。タロット占いなどでは好ましくないことかもしれませんが、ダウジングでは同じ質問に対して、ダブルチェック、トリプルチェックすることで精査していきます。これは単に同じ質問を繰り返すというよりも、異なる角度からアプローチするという意味です。例えばＹＥＳ／ＮＯをペンデュラムでダウジングした後、同じことをチャートでも行ってみる、答えが得られた後に「必要な答えはそれひとつですか？」と複数の答えがある可能性を聞く、チャートでダウジングをした後、ペンデュラムが動いていたスペースに今度は指を置いて、「この答えで良いですか？」と聞き直すチェック法などがあります。

ダウジングの答えは、正しいですか？どれだけ信憑性がありますか？

「ペンデュラムでダウジングしたのですが、結果が間違っていました」と話してくれた人がいます。これは、とても勉強になることです。「間違っていた」という言葉の背後にはどんな意味があるかと言えば「ダウジングはすべてペンデュラムが行ってくれる」とか「ダウジングで出た答えは常に正しい」という考えかもしれません。ペンデュラムなどのツールは、安全かつ効率的に行うためのものですから、その機能を最大限に使うべきですが、ダウジングはダウザー（ダウジングをする人）が行うものです。いずれにしても自分がダウジングで出した結果が完全に正しいという前提の人もいますし、その真逆で、何年もダウジングしているのに自分の結果をどうしても信じられないという人もいます。

ダウジングは意図に即して、対象に的確につながることがポイントですが、緊張や注意散漫、感情の乱れからくるノイズが誤作動を招くこともあります。そもそも重要なことや解決できない困難なことにこそ使うわけですから、往々にしてそのようなときほどノイズが出やすく、精度が落ちやすくなります。

そのノイズを取り除く作業にダブルチェック、トリプルチェックとして、チャートを使ってみてはどうでしょう。チャートは複数の選択肢が必要なとき、レベル（程度）を判断したいときに使います。YES／NOだけでは、事足りなくなるときに重宝します。

「私のダウジングは、何パーセント正しいですか？」

「私のダウジングに自分の思いや望みや憶測などの意識が何パーセント混入していますか？」

自分のダウジングの確かさをダウジングしてみること、可能であれば実際の結果と比較して検証してもよいでしょう。ダウジングの答えは、エネルギーに対する反応によって得られます。そこから出た答えは何かに対する反応なのです。正しいも間違っているもなく、何かと何かの結果を示しています。なぜその反応が出たのかを調べていくのもダウザーたちがよく行うことです。一見正しくないように見える答えが何か大切なメッセージを持っている可能性もあるのです。

ダウジングチャート

自分で作図してもかまいませんし、JSD日本ダウジング協会のWEBサイトからダウンロードできます。左図は、パーセンテージチャート。

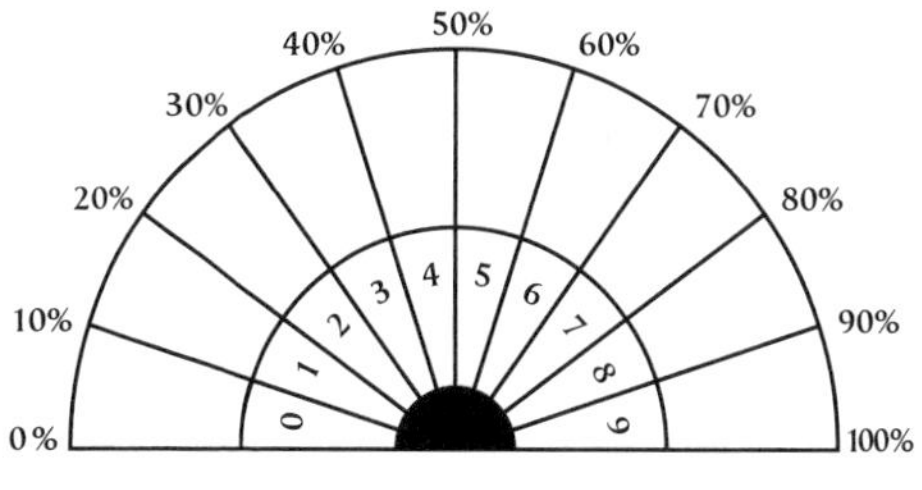

Column

エナジャイズ（増強）の実験

エナジャイズ（増強）の効果を知る実験をしてみましょう。紙に「愛」とか「調和」といったポジティブなエネルギーを放つ言葉を書き、まずはコンディションチャートで、その言葉のエネルギーを測定します。次に、イシスペンデュラムなどのエナジーペンデュラム（なければ普通のペンデュラムで）を使って右回転（時計回り）させてエネルギーIN（63ページ）をします。

そして、再び紙に書いた言葉のエネルギーを測定してみてください。数値が上がっているはずです。手の感覚が強い人は、エナジャイズ前後のエネルギーの差を掌で感じてみても効果を認識すると思います。この方法で場所（空間）がどう人に影響するかも試してみても面白いでしょう。良いと思われる場所、悪いと思われる場所に立ったとき、このテストをすると明らかに違いを実感することでしょう。

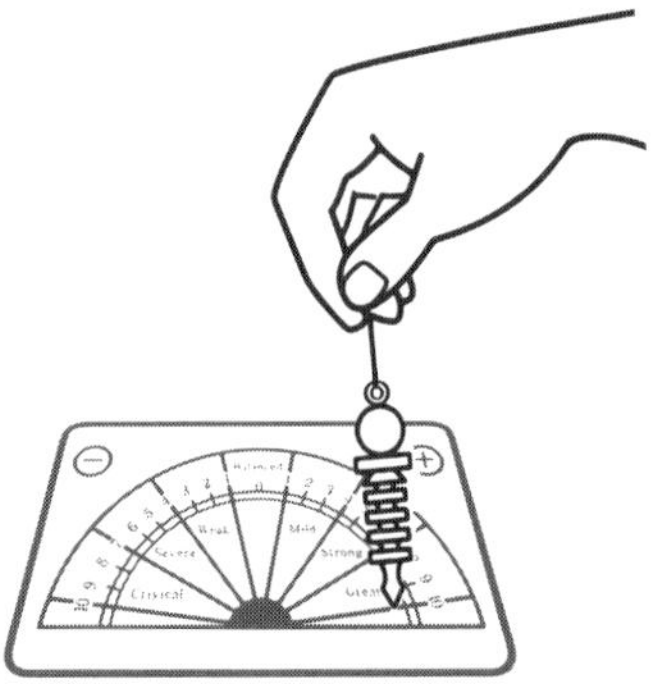

コンディションチャート

センターがバランスされた状態、左に振れるほどコンディションが悪く、右に振れるほどコンディションが良いことを示します。

2章 ダウジングで何ができますか？

ダウジングの初心者でも、水脈を見つけることができますか？

ダウジングとは、有史以前の遥か昔に水脈を探すことから始まったと考えられています。本書のタイトルの通り、ダウジングは超常現象ではないのですが、とはいえ大昔に水脈を探し当てた人は「魔法だ、神の御技だ」と称えられたのではないでしょうか。長い歴史の中で、私たちは人知を超えたものを魔法や神の御技、超常現象として理解してきました。そのシステムが説明できないからです。魔法というものは、生まれ持った超能力を持つ魔法使いやシャーマンなどが扱うとされていますが、ダウジングは誰もが使えるものです。

さて、現在の日本では井戸を掘るためにダウジングの話題が出ることはありませんが、特にアメリカでは、地下水脈を見つけて井戸を掘るプロダウザーがいまだ多くいます。へき地では水道設備が整備されていないため、農業用の井戸水が重宝されているからです。

水脈探しは、なぜ可能なのでしょうか？　これもサトルエネルギーの共振・共鳴を利用しています。水が最もエネルギーを記憶しやすいと言われていますが、私たちの身体の60％以上は水です。身体そのものがとてもエネルギーの影響を受けて記憶しやすく、水とは特に共振・共鳴しやすい、つまりダウジングしやすいのです。実際、水脈探し（あるいは配管に流れる水）のダウジングをしてみると、初心者でもほとんどの人がLロッドでの反応を体験しています。

前述のように、ダウジングの歴史を紐解けば、水を探すことから始まったわけですが、生きるために必要な水を地下から得ていたので、それはとても重要なことでした。昔、日本では弘法大師空海が杖でダウジングして各地の水源を見つけたと言われますし、フランスの近代ダウジングの基礎をつくった伝説のダウザーであるアベ・マーメットも行く先々で地下水脈探しを行っていました。

アメリカダウザー協会の元会長ウォルト・ウッズは、父親が井戸探査の仕事をしていたため、幼い頃からウォーターダウジングに親しみ、プロダウザーになりましたが、水脈探しのダウジングから始まり、幅広い分野で実績を残しています。興味深いのは、水脈探しのようにひとつの分野をとことん深めると、あらゆるダウジングができるようになる、ということです。

例えば井戸を掘るための探知では、水脈が地下のどの深さにあり、どの程度の水量があり、水質はどうかなど細かくダウジングしていきます。そして、水量の確保のため、複数の水脈が重なり合い、少なくとも２本（理想的には３本）の水脈が重なる場所にドリリング（穴開け）していきます。

その重なり合う複数の水脈の位置や水質を探知する技術は、人の経絡やエネルギーラインをダウジングする技術と似ています。ドリリングが曲がって穴をあけてしまった場合は、指定の水脈の位置からずれるので水が得られません。そのときは物理的に横から穴をあけて水が流れてくるようにもできますが、非常に手間とコストがかかります。その際、地上から鉄の棒などをスレッジハンマーで打ち、水が穴に向かって移動するようにエネルギーを誘導します。また、似た技術としてアースアキュパンクチャー（土地に行う鍼灸）があります。害のあるエネルギーを放つ場所に杭を打ち、その害を無効化する技術です。

つまり、これらの技術を身に付けた人が鍼灸師であれば治癒力は増幅されます。遠隔で鍼を打つ施術者は、実際には鍼を打たないけれど鍼を打つのと同じ効果を出すことができます。このように水脈探しのダウジングは、人へのエネルギーヒーリングやチャクラバランシングと通じるものといえるでしょう。

地下水脈は、良いものか悪いものか

水は生きるために絶対必要なものでありながらも、水脈となるとまたイメージが違ってくるものです。例えば年配の人から「古井戸には災いがある」とか「地下水がある場所には癌患者が多い」と聞いたことはありませんか。諸説あるとはいえ、水の滞りが良くないことは誰しも理解できることだと思います。

そもそも、水も水脈もニュートラルです。ただ、血液の流れが悪いところがあるとうっ血するように、断層ができると水脈は阻害され、水の流れが滞ります。水は情報を記憶する性質があるため、滞りのエネルギーがある場所ができてしまいます。

一方、調和エネルギーの発生源といえる聖地と呼ばれる場所では、ダウザーたちの調査によって地下にブラインド・スプリング（見えざる泉）が確認されています。何千年もかけて地下に降りていった水が、まるで泉が湧くかのように地下深くから駆け上がり、それが地面の下で車輪のスポークのごとく四方八方に広がって高いエネルギーが放射されています。水は生命体のように振る舞いながら、私たち人間を生かしていることが伺い知れます。

捜索中の人や迷子のペットを見つけることができますか？

行方不明者の捜索に実績があるダウザーがイギリスにいました。対象者の残像エネルギーを追跡するという方法を使うのですが、難易度は高い部類です。以前、英国ダウザー協会のカンファレンスで捜索の的中率が話題になったところ、おおよそ30％ということでした。低いという見方もできますが、私は現実的に高いと思いました。

しかし、依頼者は完璧な結果を期待するものです。70％の認識違いは大きいもので、ダウザーを特殊能力の使い手ともともとらえているため、見つかって当たり前、見つからなければ詐欺師扱いになることもあります。また、対象者が自分の意志で失踪しているか、事件性がある場合はさらに厄介です。さまざまな要素が重なり、捜索範囲も広がって見つけにくくなります。対象者が死んでいる場合だと、ターゲットはエネルギーを放っていないので捜索はさらに困難になりますが、わずかな残像エネルギーを追いかけ、形跡が止まっている場所を見つけるという捜索方法になります。

ちなみにプロダウザーへの依頼で多いのは、迷子のペットの捜索です。探しものの中でもペットの捜索は難易度が高いと言われますが、ダウザーたちはしかるべき結果を出しています。この場合、通常のマップダウジング（その場に出向くことができないか、探す範囲が広い場合に地図上で行う手法）の他に、自分がペットにチャネリングして、そのペットの眼が見ている風景を見るというテクニックを使う人もいます。

警察犬が容疑者の私物の匂いをもとに動き出すように、ダウジングによるペットの捜索は、ペットのウィットネス（目印）となる写真や髪の毛やリードを使ってエネルギーを追いかける手法を使います（より具体的なテクニックは6章を参照）。

また、アニマル・コミュニケーションという分野があります。ペットの気持ちを知りたい、ペットと話したいということはよく聞きます。気分が良いか、うれしいか、ペットの感情については、飼い主がペットとの日々の生活でわかっているのが普通でしょうし、アニマル・コミュニケーションのメソッドを開発したデビィ・コワン‐ハケットは「誰でも生まれつき動物と話す能力を持っている」と語っています。ペットとのコミュニケーションにしても、ダウジングにしても、外的に植え付けられたブロックを外して、本来の自分の持っている能力を思い出すプロセスなのだと思います。

ダウジングでヒーリングセラピーや施術ができますか？

ダウジングは前述のように土地にある何かを探すことから始まり、人が生きるためのテクニックとして発展してきました。

「土地に隠された何か（水脈や鉱石など）を見つけることができるなら、人の身体に隠された病を見つけられないはずがない」

このアベ・マーメットの言葉はよく知られています。ヒーリングの中には、エネルギーヒーリングと言ってサトルエネルギー（気）を使う方法があり、ダウジングによるヒーリングはその範疇と言えます。万物は特定の「気」を放ち、その「気」は生き物や物体の状態に即したものであり、生き物や物体は受けた「気」によって変容します。したがって、何らかの方法で「気」を整えることで物理的なものに良い変容を与えることができます。

鍼灸師や整体師の中には、有効な治療ポイント（あるいは症状を緩和するためのトリガーポイント）を探すために、ダウジングの手法を指で行っている人がいます（ツールを使わない手法をノンディバイスダウジングと呼んでいます）。皮膚感覚でそのポイントを見つけ出して施術しますが、熟練者は直感で指を動かし、わずかな、ほのかなものを感じ取っているのです。

もちろん、ツールを用いたダウジングを取り入れている施術者やヒーラーも多くいます。治療院を訪れるクライアントは、自分の患部や痛みの程度は自ら話しますから、まずはその確認をダウジングで行います。さらに、その痛みと因果関係のある箇所を探していきます。

例えば、頭痛を訴えるクライアントがいるとします。首がコチコチに凝っている、眼の疲労もありそう、肩周りも凝っている、そういった血行不良が原因で頭痛があるかもしれない……となれば、頭のことだけを対処しても解決が遠いものです。あるいは肩甲骨周りが固まっている、骨盤が後傾していて股関節周りの動きが悪いとなると、身体の全体的な構造の問題になっていきます。東洋医学では森全体を良くして自然と木を治すような手法を使いますが、ダウジングヒーリングにおいてもそのような考え方が基本となります。

具体的には、4つのディメンション（フィジカル、エモーショナル、メンタル、スピリチュアル）においてそれぞれどんな状況なのか、あるいは現在・過去・未来、どの時間軸にアプローチするべきなのか、そのようなエネルギーチェックまで入っていくことでしょう。

人には経絡という気の線があります。これは地球にあるエネルギーラインに似ています。ヒーリングの場合は、チャクラシステムを使うと比較的シンプルで容易にエネルギーヒーリングができるので、チャクラやオーラの状態をダウジングで把握し、適正化することが多く行われています。

ペンデュラムとチャートを使って人体にある7つのチャクラの状態をそれぞれ見ていき、ペンデュラムのエネルギーのリリースとエナジャイズの動きによって、チャクラの調整をしていきます（そのプロセスは書籍『エナジーダウジング』でもくわしく紹介しています）。あるチャクラの状態が悪いのは、本質的には別のチャクラにも原因があるかもしれません。その場合、どのチャクラからアプローチしたらよいのかを調べていきます。あるいはチャクラ同士の渦がぶつかっている小チャクラのような部分からのアプローチがよい場合もあるでしょう。どの程度の距離からどのような質のエネルギーを送るのがよいか、この判断も腕の見せ所です。

ダウザーであれば、自身の得意な技術を人のヒーリングにもどんどん活かしていきましょう。ダウジングでオーラを見ていき（206ページ）、ペンデュラムの動きに同期させて判断してもよいでしょう。

ヒーリングセッションの終わらせ方

「ヒーリングしていると、いつまでもペンデュラムの動きが止まりません」

このような質問は比較的多く受けます。例えば、イシスペンデュラムでチャクラを調整していると、左に回ってエネルギーリリースされ、次に右に回ってエナジャイズが始まった、これで終わったと思ったらまた左回りに動き出し……、というふうに繰り返され、ペンデュラムの回転速度も速くなったり遅くなったりというケースです。たしかに、これではヒーリングが終わらなくて困ってしまうでしょう。

ただ考えてみれば、これは当然のことでもあり、数十分間のヒーリングでは真の意味で人のエネルギー状態が完全に調和的になることは難しいものです。一度ですべてが完全に解決するということはありません。

そもそも、ヒーリングの基本概念としては、鑿《のみ》や金槌で一気に強固な〝汚れ〟を取るようなことはしません。いっぺんにたくさんの〝汚れ〟を取ると、人はその変化に戸惑って急いで元に戻してしまうのです。つまり、汚れを自ら付けて元に戻そうとします。肩のコリをほぐそうとして強く揉むと、筋肉は一時的に血行が良くなって心地よく感じますが、その圧力に抵抗しようとしてさらにコリを強くしてしまいます。クライアントには特性も習慣も過去もあります。どんなヒーリングでも言えることですが、好ましくない習慣を好ましい習慣に変えようとする変化のプロセスでは、本人に違和感がないように十分配慮することが大切です。

アプローチが強すぎる場合は、いわゆる〝エネルギーあたり〟といって一時的な不快な症状が出ることもあれば、心理的な拒絶が起こる可能性もあります。長く親しんだ習慣を変えるということは、やはり大変なことで、例えば「喫煙は良くない。やめましょう」と言われたら、習慣にしている本人には何らかの抵抗が出るものです。どんなに良い目的だとしても、長年の思考習慣を急に変えることはやはり危険なのです。

ヒーリングは本人が気づかないほどの程度で薄皮をはがすようにそっと静かに、しかし確実に行っていきます。この方法が長い目で見ると時間をかけずに安全な改善が期待できます。ここまでお話しすると、完全なる癒しを行おうとするならば、それが短時間で簡単に終わらないということが普通だとわかるでしょう。

ではどうするのかベストでしょうか。セルフヒーリングにしても他者へのヒーリングにしても、時間を設定していきます。「10分間のヒーリングを行います。その時間内で最善の癒しが行われますように」という意図設定をして始めるのです。

プロセラピストとして他者へのヒーリングを行うときはなおさらです。通常、予約を受けて時間制で行うので、この時間の意図設定は必須と言えます。今まで自然にヒーリングが終わっていたのであれば、無意識にその設定をしているのです。また、時間がいくらでもあるとしても過剰に長くすることは適切ではなく、いずれ体が耐えられなくなって不調和を生むこともあります。

まとめると、ヒーリングは潜在意識にしっかりと設定をして行います。誰に、何のために（目的）、そしてどれだけの時間枠で行うかです。セッションが終わったら、エネルギーを切断し、ヒーリングを終えることを明確にしましょう。

ヒーリングしていると突然、人が変わり、環境、生活、仕事が奇跡的に好転するということは確かにあります。ただそれは、外部からそう見えるだけで、必要な土台つくり、地ならしがあり、人としての努力の積み重ねがあってのことだと考えます。

遠く離れた人にもヒーリングできますか？

遠隔ヒーリングは、もちろんダウジングの世界にもあります。地球の裏側に住む人にも癒しを行える、エネルギーは届くというと一般の人は受け入れ難いかもしれませんが、基本的な考え方は、サトルエネルギーはどこへでもつなげることができる、そのため遠く離れた人にも癒しのエネルギーを送ることができる、というものです。

ダウジングでは地図を利用して離れた場所の状態を測定することがあります（マップダウジング）。携帯電話やラジオの電波のように、人の意識がつくったサトルエネルギーが遠く離れた場所につながる、果たしてそんなことが可能なのでしょうか。

例えば、人の視線を背中で感じるということはないでしょうか。また、逆に自分が気づかれないようにそっと眼球だけを動かして人を見ても、相手がそれに気づいて見返してくるということはありませんか。急に友人のことが想いに浮かんだら電話が来た、あるいは電話がかかってきただけでそれが誰かわかる。誰かが亡くなるときにそれがわかった、離れて暮らす家族の何らかのエネルギーを感じたことはないでしょうか。そういった類のものだと思います。

私の亡くなった祖母は毎朝、7人の我が子と一緒に撮った写真に向かって「おはよう」と話しかけ、家族の無事や幸せを祈っていました。家族や大切な人の幸せを祈ったことは誰でもあると思いますが、これもいわば遠隔ヒーリングではないでしょうか。離れた人の幸せを祈る、あるいは神様に祈る、亡くなった人の冥福を祈る、これらの祈りが古来より世界中でなくなったことはありません。効果はわからないし、科学的に実証できなくても人は願いを込めて祈り続けるわけです。

ダウジングで遠隔ヒーリングをする場合、**ウィットネス**(witness)を使います。辞書では「目撃者、証人、参考人、立会人、証拠、証言」という意味が出てきますが、ダウジングではエネルギーにつながる目印といえるものです。

ダウジングの基本原理は、共通エネルギー/類似エネルギーの共振・共鳴現象(78ページ)です。例えば、金の鉱脈を探す際、ダウザーは金を手にしながらエネルギーが共鳴する場所を見つけます(共通のエネルギーを共鳴させているわけです)。手元に金がない場合は合金や金色の紙を利用したり、過去に手で持った金をイメージしたりと、類似エネルギーの共鳴効果によって探します。それと同じ原理でヒーリングすることができます。

遠隔ヒーリングにおいては「つながるべき対象につながるためのエネルギーの鍵」がウィットネスになります。電話でいえば電話番号、郵便でいえば住所、そのウィットネスを使って、なんとなくつながっている、つながっていたらいいなというぼんやりとしたものでも、しっかりとエネルギーがつながるようにします。では、ウィットネスの種類を解説しましょう。

▼ウィットネス①髪毛や写真

古くからダウザーたちは、毛髪や血をウィットネスとして使ってきました。髪を形見にしたり、血判を押したりする風習も、そのエネルギーを感じていたからでしょう。現代では写真が使われています。写真も本人と同等のエネルギーを放つと考えられるからです。ダウザーたちが行った金を探すときに金を手に持つ、金のエネルギーを感じながらそのエネルギーを探す、それと同じ原理です。また、対象者の洋服など、普段身に付けているものや対象者のエネルギーを転写した紙もウィットネスとして使います。

▼ウィットネス②意識やイメージ

対象者の顔、姿、声、雰囲気、しぐさ、匂い、そのようなものをイメージしてつながります。

対象者を知っている場合は効果的かつ手軽に行えます。良いエネルギー交流になれば、自分自身にもヒーリング効果が出ますが、相手と同化してしまえば、邪気受け（140ページ）の危険性があるので、注意が必要です。

▼ウィットネス③個人情報

対象者の名前、誕生日、住所などを紙に書いてウィットネスとします。会ったことも見たこともない人にこんな方法でつながるのかという意見もありますが、個人情報を使ってヒーリングするという意図と、ヒーリングを受けるという意図のエネルギーがつながり合う、あるいは何らかの不思議な力でつながると信じる人もいます。

ウィットネスは、ダウジングが終わった後に破棄します（写真を残しておきたい場合は、グラフ用紙や銀紙で包んでエネルギーを遮断し、他人の目に触れないように保管します）。通常、遠隔ワークの後にエネルギー切断を行うわけですが、二重の安全策として別の誰かがそのウィットネスにつながることを防ぐためです。私たちは意図せずさまざまなエネルギーにつながって影響し合うものなので、このプロセスはとても重要なのです。

地球のエネルギーラインや聖地、パワースポットを探すことはできますか？

神社や聖地巡りを休日の楽しみにしている人も多いと思います。私も登山が趣味で、よくエネルギーの高い山へと出かけています。そもそも地球には、アースグリッドと呼ばれるエネルギーラインが無数に存在しています。何メートルかおきに均等にあるラインから、特定の場所に集中しているライン、古代の人たちが意図的につくり上げたラインもあります。もちろん、それらは眼に見えないのですが、パワースポットと密接に関係しており、ダウジングで探知することができます。聖地を訪れて「あそこは心地よい所だった」と思うのもよいですが、Lロッドやペンデュラムを手に歩けば、その心地よさをより感じられるだけでなく、ラインの詳細もわかり、まだ誰も知らないエネルギーの高い場所にも導かれるかもしれません。

私が縁あって訪れた桜神宮（東京都世田谷区）も、そのひとつでした。地下鉄工事でアリの巣のように掘り尽くされた東京においては、特別な場所といえるほど、境内の横から中心に向かって、5つの帯のドラゴンライン（龍脈）が走っていました。ちなみに、スコットランドの巨石群地帯では7つの帯のラインが多くあり、最高では13つの帯からなるラインを探知したこともあります（高レベルのラインが帯状に存在することで広範囲に強く好影響が及ぶ）。海外の聖地も桜神宮も、古くから人々がその地を大切に守り続けてきたことが伺い知れます。

聖地を見つけるために

では、聖地のエネルギーをどうやって見つけて測定すればよいのでしょうか。そのためには、まず聖地のエネルギーとはどんなものか知っておくことです。コーヒーの味を知らなければ美味しいコーヒーがわからないように、質の良いエネルギーの〝味〟を知っておく必要があります。例えば、聖地と同じエネルギーを放射するH3イシスペンデュラムを使う方法です。多少のトレーニングは必要ですが、このペンデュラムの動きに共鳴する場所を探すことで、確固たる聖地やパワースポットを簡単に見分けられます。

どんな分野でも言えることですが、既存の情報に頼り切らず、自らの感覚で確証を得ることは大切ですし、本来の質を味わうためには欠かせないプロセスです。ダウジングがその助けになるのはもちろん、ツールがあなたにとって適切な質に共鳴することで、自分だけの特別な場所や感覚を見つけることも可能になります。

土地（場や空間）のエネルギー調整ができますか？

昨今、人に害のある土地のエネルギーを意味する**ジオパシックストレス**は知られるようになりました。日本人にとっては新しい言葉ですが、その概念は日本にも古くからあって「ケガレチ」とも呼ばれていました。対義語として良い場所は「イヤシロチ」と言います。

この土地（場や空間）のエネルギーの問題は、シンプルに考えれば良いことが起こる場所や心地よい場所に居るようにしたり、そこへ家や店を構えれば運気が良くなり、反して悪いことばかりが起こっている心地よくない場所に居れば、悪いことが起こる。それなら良いことが起こる場所を活用しよう、ということになります。日本人は、こういう概念を「縁起が良い／悪い」という言葉で表現してきました。

もちろん場の良し悪しは、正確な検証が必要です。例えば、あの交差点は交通事故がよく起こる、不吉で縁起が悪い場所だ、そんなことが言われると思います。悪いエネルギーが満ちていて事故を起こしているのかもしれませんが、特定の時間だけ急に交通量が増したり、ある角の見通しが悪くて安全確認が困難だったり、物理的な理由もあるかもしれません。「あそこに新しい店ができたけど、すぐに閉店してしまう縁起の悪い場所なんだよな」などと言われることもあります。私自身もそんなふうに思ったことがありますし、やはりそんな店は潰れるものです。たしかにそこはエネルギーの悪い場所かもしれません。人通りが少ない、お客が入りにくいということ以外にも、「すぐに潰れるに違いない」とマイナスのエネルギーを受け続け、その場所に停滞しているかもしれません。一方、繁盛する店は皆が「あそこは人気があるな」とポジティブな意識エネルギーを投げかけるもので、そういったエネルギーは場を高めるのです。

あるいは悪い場所にもかかわらず繁盛店が登場したり、良い場所にもかかわらずお店が潰れることもあるでしょう。人の努力や意識エネルギーでも場所のエネルギーは変わり、結果をつくり出すのです。場や空間へのダウジングは、人が良い／悪いと思うあいまいな感覚をより定量的に探知し、その原因のうち寄与度の高いものを見つけ、良いものであれば必要に応じてエナジャイズし、悪いものであればエネルギーをリリースするという処置を施していきます。

レイラインやパワースポットは世界中にありますが、そもそも地球の構造としてエネルギー的に良い影響を与えるものとして存在しています。逆にエネルギーを悪くするものとしては水脈、アースグリッド、断層、電磁波などです。さらに広い意味で意識エネルギーという要素も関わります。良いものを効果的に使うために、エナジャイズする（あるいは悪い影響がないようにする）方法はダウジングにあり、恒常的な対処としてさまざまなツールを使います。

まず場所全体のエネルギーがどうなっているか、各所のエネルギーがどうなっているのかを測定し、天然石、色、幾何学形状、コイル、パイプなどを使って最適化します。さらに、エネルギーテクニックを使って効果を高め、安定化させます。

何をどのように使うのかは、もちろんダウザーによって異なりますが、場（空間）のヒーリングは、人へのヒーリングと強く関連付けられます。例えば、人に対して週に一度ヒーリングしていたとしても、その人が多くの時間を過ごす部屋のエネルギー（特に寝室）が悪かったとしたら、効果が出にくいからです。場のエネルギーがますます悪くなっている現代において、人にヒーリングする場合は、クライアントが長い時間を過ごす場所の対処も併せて行っていくことが大切でしょう。

Column

エネルギーのINとOUT

イシスペンデュラムでエナジャイズ（エネルギーを与える）を実践してみましょう。エネルギーをアップさせたい対象にペンデュラムをかざし、「ペンデュラムのエネルギーが○○をエナジャイズする」とメンタルコマンドを使います。そして、ペンデュラムを意図的に右回転（時計回り）させてください。強く回転させるほど、強いエネルギーが流れます。感覚的に適切と感じたときに終了します。

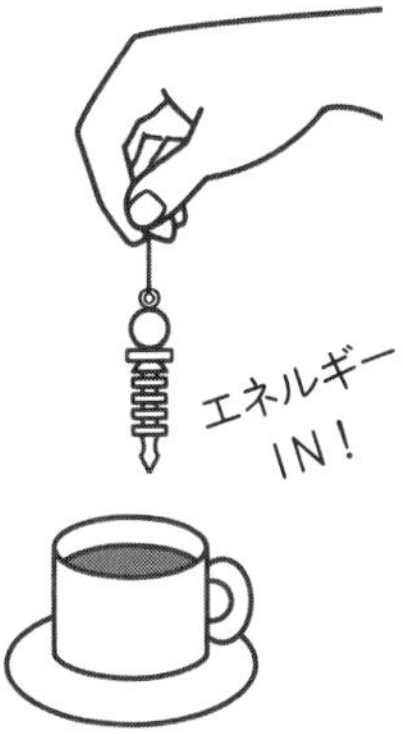

飲み物は味に変化が出るので、反応がわかりやすいでしょう。

反時計回り（左回転）
エネルギーが、出ている。

≪停止≫

時計回り（右回転）
エネルギーが、入っている。

クライアントのアロマを選べますか？会ったことがない人にもできますか？

自分にどのアロマが合うかを調べる場合、自分のエネルギーをアロマのエネルギーにつなぎ、どのようなバイブレーションが起こるのかを調べ、ペンデュラムの動きにそれを反映させて判断していきます。自分のエネルギーは自分で放っていますが、それをアロマのエネルギーに〝つなぐ〟という作業をしていくわけです。

クライアントのためにアロマを選ぶ場合、その人のエネルギーにつないでアロマのエネルギーにつなぎ、その２つのエネルギーのバイブレーションをペンデュラムに反映させていきます。つまり、２つのものにつないでエネルギーの共鳴具合を見ているわけです。

アロマは目の前にあるわけですし、アロマセラピストとしては普段から使い慣れているものなので、アロマのエネルギーにつなぐのは容易でしょう。しかし、会ったことがない人にエネルギーをつなぐのは、難易度が上がります。そういったケースは、前述のウィットネスという対象者のエネルギーの目印を使います（55ページ参照）。

電話をかけるときにはスマートフォンに電話番号を入力しますが、ウィットネスはその番号のようなものです。名前、写真、その人の声、髪の毛、誕生日や住所など、ウィットネスの数は多いほど正確につながりやすくなります。

エネルギーの原理としては、ウィットネスを使うことで接続できるのですが、実際に会った方が目の前のエネルギーにつなぐわけですから、より正確なのは言うまでもないでしょう。さらにセラピーとしては、会うことでその人が実際にどのような状況にいるか、どうしたいのか、カウンセリングで多くの情報が得られます。真実はその人が言う言葉ではなく、その言葉の先にあることが多いものです。

ダウジングをどう説明するか

このダウジングの仕組みを、依頼者（クライアント）にどのように説明しようかと考えることでしょう。相手の経験や知識量によると思いますが、ダウジングやエネルギーヒーリングの知識がないクライアントに伝えるには情報量が多すぎます。雪すら見たことがない人にスノーボードのことを説明してもわからないでしょう。言葉を選んで無理のない説明をするのがベストでしょう。

まずはカウンセリングをして、ペンデュラムでさらに念のためチェックしてみます。「こんな道具を使って選ぶこともできるのですよ」と話す程度のスタートではないでしょうか。「ダウジングしたら、怪しく思われないだろうか」と心配する人もいます。自身の服装、言葉、立ち振る舞いがポイントです。人はそれらを感じ取ります。信頼できる人物としての生き方をしていれば、怪しいと思われることはありません。

ちなみに、屋外でダウジングしていると、「何をしているのですか？」と声をかけられることもあるでしょう。その場所がまず常識的に許されるところであることが基本ですが、もし声をかけられたなら「ダウジングをしています」と答えればよいでしょう。「ダウジングとは何？」「何を探しているの？」「どうやるの？」などと会話が長く続く場合、余裕があれば説明すればよいし、時間を取られたくない場合は、ほんの少し説明した上で、悪感情を持たれない丁寧な言葉で会話を終了してください。

3章

エジプト神秘学とラディエスセシア

技術を学ぶということ
ダウジングは、理解するものか体験するものか

ここで少し、私がダウジングを学んだ経緯を書いておきます。

20数年前、私が欧米のダウザーと会った最初の印象は「ダウジングとは輪郭がはっきりしないものだな」でした。だからこそ、その輪郭を整えようと、何百人というダウザーたちと会うことになるのですが、ある疑問に取り組めば複数の答えが出てきて混乱し、なんとかその疑問が解決しても、また深いところを垣間見て新たな疑問が浮かぶという状態でした。知的好奇心を掻き立てられる学びではありましたが、イライラすることもありました。

そんな自分に「ダウジングは楽しむことが最も大切です」「実践を積むこと、そこに答えがあります」と言ってくる人がいると、「そんなことはいいから、早く答えを教えてくれ！」と言いたくなりました。しかし、その怒りに似た感情は執念を呼び起こし、さらに研究を続け、知り合いの紹介から海外の協会やダウザーを訪ね歩き、彼らと共に活動することになります。

また少し余談になりますが、かつて私はテニスのコーチをしており、西尾茂之プロと一緒

に仕事をした時期がありました。彼は元全日本ランキング1位、全日本プロテニス選手権、全日本室内選手権をすべて制覇して一時代を築き、デビスカップの日本代表選手としても活躍しました。私はテニスレッスンの仕事より、彼とボールを打ち合うことが楽しみで仕方ありませんでした。西尾プロは一定のリズムと安定したフォームでボールを打ちます。打球音も良いものです。特にボールの速度は普通で、見ていても驚くことはないのに、彼のボールはウォーミングアップのラリーですら重いのです。何ともない普通のフォームなのに、すべてのボールがとにかく重い。どうしても聞きたくなりました。

「なぜ西尾さんの打つボールは重いのですか？」

西尾プロの答えは、意外なものでした。

「おー、それなぁ、よく言われるんだけど、わかんないんだよ。それに誰が打とうが、ボールの重さって同じじゃないか？」

テニス雑誌が彼の技術論を取り上げたこともありました。理論的には滑らかで無駄のないスイングでスピーディにラケットを動かし、ボールを打つ瞬間に一気に力が入る、ということになります。そのため、ラケットのガットとボールの接触する時間が長く、回転がかかりつつボールにスピードを与える、だから思ったよりバウンドしてから伸びてくる。そのため対戦相手はバランスやタイミングを外しやすく、うまく弾き返すことができないので〝重い〟と感じるわけです。

理論はたしかに筋が通っていますが、しかしながら私の経験でちょっとストレートな言い方をすれば、説得力のある科学的な説を語り、良いボールの打ち方を論じることができる人に限って、テニスそのものは上手ではないことが多い。これは、どの分野でも言えることかもしれませんが、技術を学ぶということを考えるときに思い出す話です。

ダウジングは、理解するものか体験するものか

ダウジングにおいても、技術論を中心に語られることがあります。筋反射、潜在意識、さらに量子力学やシャーマニズムといった話になることもあります。では、実際にダウジングしている人たち、プロダウザーと呼ばれる人はどうかと言えば、理論の解説よりもダウジングによって何が起こったか、何ができたかに興味があります。科学的な説明は科学的反論もまた可能であり、誰もが納得する説明をすること自体が成しえないものです。

そもそも科学で扱えることであれば、科学でやればよいわけで、それができない分野ゆえにダウジングという手法が使われています。ですから、科学的根拠を用意できる論がダウジ

ングにあるとしても、それはそれで限界があるのです。

言語学者の金田一秀穂先生は、難解な言語学を温かみのある語り口で伝えてくれる方で、私はとても好きです。金田一先生はこう言っていました。

「人は概念を言葉で整理できたときに、それを理解したと認識する」

確かにそうかもしれません。そして、本当に理解している人は簡単な言葉でも説明できます。そういう意味で、ダウジングのセミナーに出席された人がマニュアルを手にして読み込むと、理解できたと思うのもよくわかります。言葉で整理ができて、それを暗唱して言えるくらいになると、誰しもそう認識するものです。

ところが、理解してもできたことにはならない、という側面がダウジングにはあります。スポーツにも共通すると思いますが、理論が大切でありながら、理論過多になると感覚が鈍ってしまうという領域に陥りやすいのです。感覚が最も大切なダウジングにおいては、特にこのことが言えます。

私はスコットランドのプロダウザーであるグラム・ガードナー（英国ダウザー協会の会長を務めたヨーロッパを代表するダウザーの一人）と、イギリスでも日本でもあちこちで歩いてダウジングをしてきました。

彼は基本的に「ここはこうした方がいい」とか「これは、こうだ」といった話し方はしません。おおまかに概論的なことや基本原則、あるいはその土地の歴史などは話してくれますが、各人のダウジングを自由にさせますし、彼も自分のダウジングを自由にします。当時の私は「これで合っているのか、間違っているのか」と聞きたいけれど、彼は起きていることを一切ジャッジせず微笑んで見ているのです。しかし、肝心なポイントに関わるとき、急に態度が変わり、真剣な言葉を次々に発していきます。ダウジングの学び方もテニスの学び方も似ていて、実践の中での気づきがとても重要です。そして、感覚を解き放つことは、新たなステップへと進むために必要なことだと思います。

ダウジングの2つの流派

そうは言っても、ダウジングには理論の宝庫ともいえる分野があります。本書のサブタイトルでもある**ラディエスセシア**です。私にとっては代名詞ともいえる分野で、ぼんやりとしていたダウジングの理論にエッジの立った輪郭を与えてくれたものでもあります。

すでに何度か書いていますが、ダウジングには**メンタルダウジング派**と、**ラディエスセシア派**という2つの流派があります。メンタルダウジング派ではYES／NOクエスチョンに象徴されるように、ダウザーの意識（メンタル）を主として使用します。

一方、ラディエスセシア派は、エジプト神秘学をルーツに持つ自然科学の法則をもとに、フランスのダウザーが構築した明確なシステムがベースになっています。

エジプト神秘学とダウジングが深く結び付いていることは、意外に思われるかもしれません。昨今、ファンシーなペンデュラムが多く流通していますが、注意して見ると、異彩を放つ独特な形状のペンデュラムを見つけられるはずです。開発者の直感で幾何学形状を取り入れたものもありますが、その多くはエジプト神秘形状学に基づいているのです。

では、神秘幾何学形状のペンデュラムとは、いったい何物で何ができるのでしょうか。これからエジプト神秘学にまで遡りつつ、近代ダウジングの要であるラディエスセシアを解説していきます。

古代エジプトの神秘学からラディエスセシアへ

ピラミッドを中心とした古代エジプトの遺跡群は、各国の大学や専門家によって調査が行われていますが、何にルーツがあって建造の目的は何なのか、どのように造られたのか、いまだ解明されていません。

古代エジプトの遺跡というとすぐに思い浮かぶのはピラミッドですが、このピラミッドとは形状エネルギー学やダウジングと非常に深い関係性があります。古代エジプトの歴史にピラミッドが登場するのは、紀元前２６５０年頃です。古王国時代の始まりである第三王朝を迎え、エジプト最初の繁栄を迎えようとしていました。ピラミッドの建造は、紀元前２５５０年頃の第四王朝で全盛期を迎え、ギザの三大ピラミッドもこの頃に建てられたと考えられています。

古代ギリシャの歴史家ヘロドトスが記した『歴史』は、ピラミッドに関して本格的に言及した最古の文献です。大ピラミッドの構造や寸法についても正確性があり、貴重な史料と言えます。「ピラミッドとは何なのか」にも言及があり、ある神官が「これは墓である」と答えたことが記されています。大ピラミッド建築から2000年以上経過した紀元前500年頃のこの聞き取りは、定説として長く引きずられることになりました。しかしながら、ピラミッドの石棺のほとんどに遺体が埋葬されていないことからも墓ではないと推測されますが、「では何か?」との問いには明確な答えがないまま現代に至ります。

ちなみに、ヘロドトスは黒海北部のスキタイを放浪していた際、木の枝でつくったY字のロッド（棒）を使って水脈探しをする光景に出くわして記録しています。これこそ世界最古のダウジングの記述と言えます。

古代ギリシャの知識人たちは、エジプト神秘学を学んでいました。紀元前550年頃には、偉大な数学者であり哲学者であるピタゴラスも、エジプト神秘学を学ぶためにミステリースクールに出席していたとされています。欧米では古代エジプト文明の影響がとても大きく、大英博物館には800万点もの貴重なエジプト彫刻、壁画、装飾品がありますし、フランスのコンコルド広場、ニューヨークのセントラルパークにはオベリスク（古代エジプト時代に建築されたモニュメントで太陽神を象徴）が立っています。

フランス皇帝ナポレオン・ボナパルトも、エジプト調査に熱中した一人です。彼によるロゼッタ・ストーンの発見は歴史的にも有名でしょう。特に興味深いのは、ナポレオンが「王の間」で一夜を過ごした後、「未来の幻を見た」とコメントを残していることです。これは後述するネガティブグリーン（100ページ）というエネルギーのスピリチュアルウェーブの影響ではないかと考えられるからです。

ダウジング関係者が最も影響を受けているエジプト神秘学の研究者は、20世紀前半に活躍したフランスのアンドリュー・デ・ベリザル（Andre de Belizal）と科学者のレオン・シャメリー（Leon Chaumery）です（この二人の名前はこれから何度も出てくるので覚えておいてください）。彼らは数々の研究を書物に残していますが、一作目にあたる『Essai de Radiesthesie Vibratoire』（バイブレーショナル・ラディエスセシアにおける各種の実験調査）は、今なお活用されている基本原理が記されています。

ベリザルとシャメリー

パリの研究室での実験により、太陽光が地球に当たる角度に対して一定のエネルギーパターンがあることを確認し、1933年にピラミッドパワーとも呼ばれるネガティブグリーンを発見、エジプト神秘エネルギー学をベースにしてラディオニックペンデュラムの開発を行いました。

ラディエスセシアとは何か？

まずラディエスセシアという言葉の意味を解説しておきます。ダウザーには馴染みがありますが、ほとんどの人にはおおまかな意味すら想像できないことでしょう。ラディエスセシアとは、ヨーロッパ、特にフランスを起源とする言葉で、サトルエネルギーの放射を探知する自然科学の法則や技術のことです。ラテン語の「radius」（エネルギー放射）とギリシャ語の「aisthesis」（感受性・感覚）を組み合わせた造語となります。

このラディエスセシアとダウジングとは、じつは別物で、ダウジング（dowsing）とは「意識的（mental）に何らかの質問をしてペンデュラムやLロッドの動きで答えを得ること」を意味します。ただ、この2つの言葉の違いはわかりにくいですよね。その通りなのです。基本的には同じものとしても使われていますが、ただ「radius」と「aisthesis」は明確に違う意味として扱うのが、ダウジング界の常識となっています。

これから本格的に解説する前に踏まえておきたいことに、そもそもダウジングとはどのようなシステムでしょうか？　特殊な能力で行っているとする解釈は置いておくと（それができるならもはやペンデュラムすら不要でしょう）、**共振・共鳴の現象**です。

この共振・共鳴について簡単な実験を紹介します。同じ固有振動数を持つ音叉（共鳴箱付）を２つ用意し、片方を鳴らします。すると、もう片方も鳴り始めます。叩いた方の音叉が下の共鳴箱を揺らし、空気を伝わってとなりの共鳴箱を揺らし、上の音叉を揺らして鳴るのです。ただし、固有振動数が異なる音叉同士では、このような共鳴は起こりません。

もうひとつの実験です。異なる長さの振り子を複数吊るし、２つの振り子だけ糸の長さを同じにします（左図のAとC）。Aの振り子を振動させると、同じ長さのCの振り子は徐々に振動を始めます（Cの振り子には触っていないにも関わらず）。糸の長さが異なる振り子は振動しません。振り子は糸の長さだけで固有振動数が決まるので、同じ糸の長さの振り子は固有振動数が同じです。このように、個々の物体が持つ固有振動数と同じ振動数の揺れを外から加えたとき、物体が振動する現象を共振といいます。

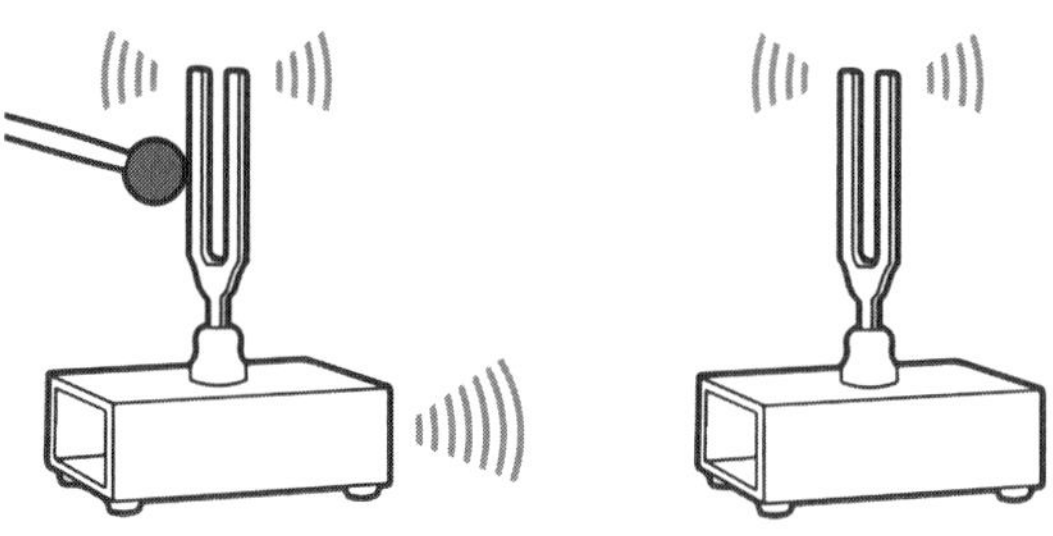

音叉には固有の振動数があり、棒の長さの2乗にほぼ逆比例し、厚さにほぼ比例します。

共鳴現象の実験

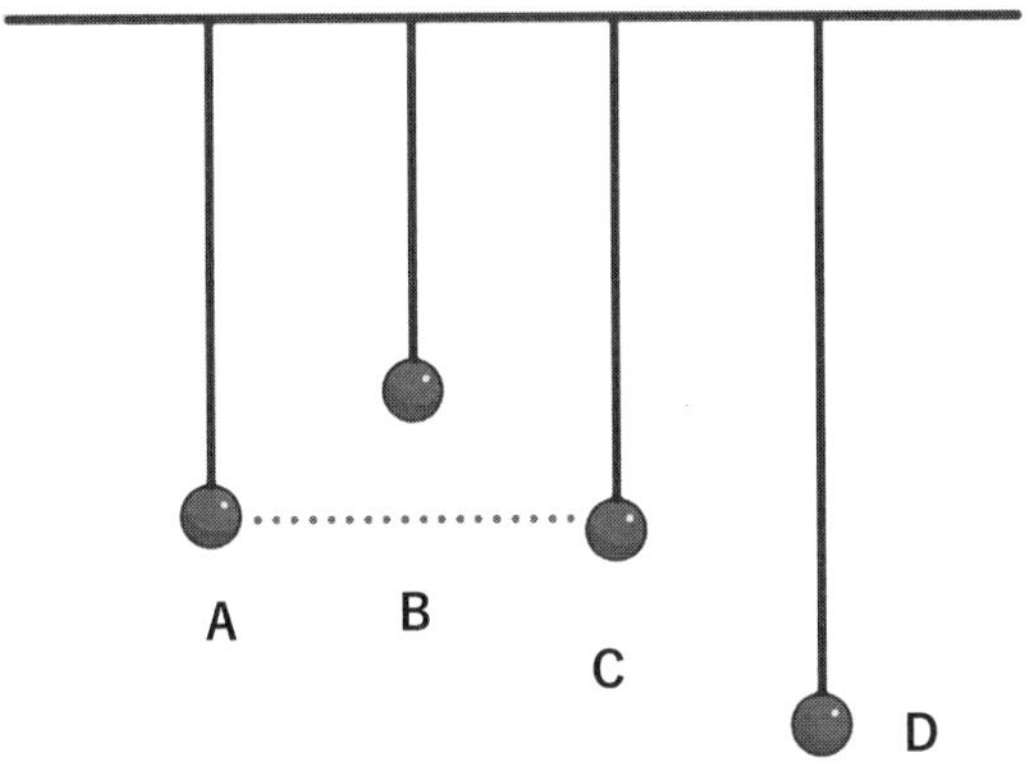

AとCの振り子は同じ長さ＝固有振動数を同じに設定。

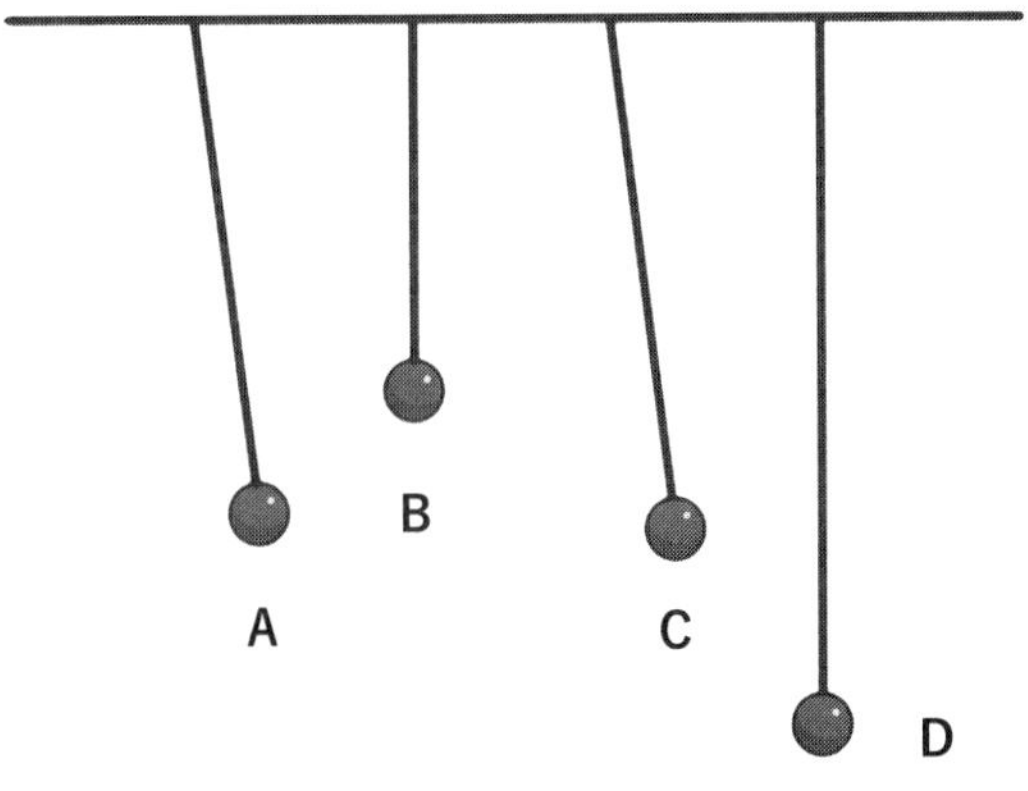

Aの振り子を手で揺らすと、同じ固有振動数を持つCの振り子もおのずと揺れ始めます。BとDの振り子は揺れません。

共振現象の実験

ダウジングの基本原理

先の実験でもわかるように、万物は固有の振動数を持つエネルギーを放つので、それに対して同じ固有振動数を持つものを合わせていけば振動する、振り子で言えば揺れるという現象が起こります。

ダウザーの意識でターゲットと同じ振動数のサトルエネルギーを放ち、自分の神経や筋肉を共振・共鳴させてその動きをペンデュラムやLロッドに反映させることが、ダウジングの基本原理となります。例えば水脈を探そうとするとき、意識して水脈と同じ固有振動数のエネルギーをつくるからこそ、見つけることができるのです。ちなみに、この方法は人の意識を使うので、あえて**メンタルダウジング**と呼んでいます。

この基本原理を踏まえれば「水脈を探すのは上手だけれど、エネルギーラインを探すのは得意ではない」というダウザーがいる理由がわかるでしょう。水脈を探す行為を多く経験してそのエネルギーと親しんだため、水脈の波動を意識でつくることに慣れていても、エネルギーラインの波動をつくるのが下手なのです。音楽に例えると、ジャズに親しんだ人はジャズに、ヒップホップに親しんだ人はそのリズムに乗りやすいのと似ています。そうなると、

19世紀の高名なダウザーを連れてきて「紛失したスマートフォンを探してください」と頼んでも、見つけてもらうことはできません。スマートフォンが何かわからなければ、その固有のエネルギーも知らないので、見つけようがないわけです。そのため、ペンデュラムでダウジングさえすればどんなものでも見つけられる、的中することができるというのは、難しいことだとわかるでしょう。

逆に、人は誰でも無意識で多くのエネルギーを放ち、かつキャッチしているので、自分のエネルギーに類したものは結果を出しやすいとも言えます。ダウジングのトレーニングとは、ターゲットの固有振動を意識でつくること、ターゲットとの共振・共鳴を神経や筋肉に反映できること、ペンデュラムの特定の動きを認識できるシステムをつくることです。そのため、明確にターゲットがある状態でLロッドによる探知を行うことが上達の近道です（くわしくは6章にて）。

ペンデュラムについては、YES／NOクエスチョンが最初にマスターすべきことですから、答えが明らかな質問で繰り返しトレーニングして、その上で答えがわからない質問をしていくことになります。

メンタルダウジングとラディエスセシアとの違い

メンタルダウジングと相反する手法が**ラディエスセシア**になり、その成り立ちからフレンチフィジカルラディエスセシアと呼ぶことがあります。メンタルダウジングが意識のエネルギーを使うことに対し、ラディエスセシアは物理的なもの（エナジーペンデュラムなど）を使って共振・共鳴をつくり、探知を行います。日本的な観点からいえば、メンタルダウジングは言霊（言葉の放つエネルギー）、ラディエスセシアは形魂（形の放つエネルギー）を使うと言えます。

ラディエスセシアでは「形・角度・比率・動き・音・色はそれに適合した固有のエネルギーを放つ」という自然科学の法則を利用します。幾何学形状がその形に応じた一定のエネルギーを放つことは前述の通りなのですが、エネルギーを形に変えることで機能を果たす、とも言えます。

そして、探知においては**類似性の原理**（principle of similarity）に基づいて、類似エネルギーの共鳴を使います。特定のエネルギーのうち、象徴的な一部と合致するエネルギーを利用することもあれば、類似波動にも共鳴するため、完全な一致ではなくても使用できるのです。

例えるならば、英語の映画を日本語字幕で観るようなものです。外国語を翻訳しても、ばっちり完全に同じとはなりません。しかし、意味を伝えることはできます。英語の音声で映画を観つつも日本語の字幕スーパーを確認し、時に自分の母国語でなくても、英語だけで観たり、といったことをするわけです。

ラディエスセシアのはじまり

ラディエスセシアの研究は19世紀後半から始まり、20世紀初頭のフランスで活発化しました。ヘンリー・メジャー（Henri Mager）は１９１３年にダウジンググループを組織し、鉱脈探しで成果を上げましたが、注目すべきは８色のカラーからなるメジャーロゼット（Mager Rosette）の開発です。８色の色という固有振動を利用して水質分析を行ったのです。

アベ・マーメット（Abbe Mermet １８６６〜１９３７年）は、ラディエスセシアの発端者ともいえるダウザーで、聖職者でもあります。水脈を見つけて干ばつに苦しむ人を救った記録が残っていますし、ダウジングによって厚い岩盤の洞窟から鉱脈を発見、さらに行方不明者の捜索で数々の実績を残し、彼の著書は25カ国で出版されて「ダウジングの王子」なる称号を得たほどです。さらに特出すべきは、自然科学の法則をダウジングに取り入れ、スピリチュアルな思考も合わせながら科学的な検証を行い、さまざまなペンデュラムをつくり上げたことです。そして、探知のノウハウをそのまま人の病の治療に活かしました。これらの活動は他のダウザーにも大きな影響を与えることになります。

彼が生んだマーメットペンデュラムは、現在でも多くのユーザーに愛されるラディエスセシアの代表的な機種です。ヒーリングの現場では、高い適正と応用が期待できます。

マーメットペンデュラムの特徴として、大きいチャンバールームがあり、捜索や探知を行う対象のエナジーキーとなるウィットネス（55ページ）を入れることができます。エネルギーをつなぎたいものが鉱石であればその断片を、人であればその髪の毛などエネルギーを放つものを入れます。また、クライアントに適したレメディを入れ、そのエネルギーとともにヒーリングを行うことができます。

マーメットの形状は、お堂の屋根の上や五重塔の先端にもある摩尼宝珠（「意のままに願いをかなえる宝」といわれる仏具）、インドの

アベ・マーメット

マーメットペンデュラム

名建築タージ・マハルとも似ています。場所や時代が異なっていても、自然にひとつの形に行きつくことは興味深いものです。

アベ・マーメットが活動した時代には古代エジプト遺跡の形状調査は行われていませんが、このマーメットの形状はピラミッドパワーをコレクション（修正・適正化）したエネルギーをつくり出すことがかっており、経験的にこの形状に落ち着いたのではないかと推測されます。先端からグリーンプラス、ダウザー側からはスピリチュアルコネクションを強めるネガティブグリーンが起こります。

余談になりますが、スピリチュアルカウンセラーの江原啓之さんはダウジングの本も出版されていますが、彼の別荘にお邪魔した際、「普段はどんなペンデュラムを使っているのですか」と伺ったところ、「よくわからないのだけど、このペンデュラムがとても使いやすいですね」と見せてくれたのが、マーメットUという、マーメットの改良機種でした。江原さんは特にダウジングの歴史やラディエスセシアのことを研究されたわけでもないのに、自然とこの機種を選ばれている

ダブルマーメットUペンデュラム

マーメットペンデュラム同様に内部にウィットネスを入れて使うチャンバー式。さらに形状をダブルにしたことでエネルギーアップだけではなく、扱えるエネルギーの種類が増えた進化系の機種。

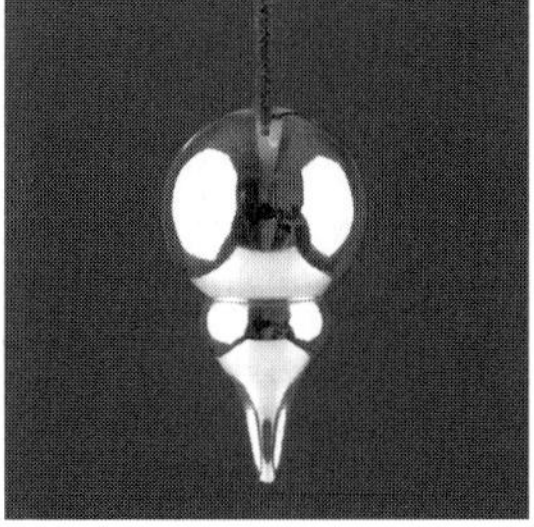

のはさすがだと思った記憶があります。マーメットUは形状を二重にすることで、エネルギーの集中やその圧力を増しています。放射されるエネルギーの質としても、スピリチュアルな用途にも使いやすい機種と言えます。

ラディエスセシアの進化

20世紀初頭、ラディエスセシアを大きく飛躍させる人物が登場します。ルイス・ツゥレーン（Louis Turenne 1872～1954年）は特殊な背景を持っており、彼の父親は井戸設備の会社を経営し、息子であるツゥレーンはその仕事を自然と手伝っていました。水のない荒れ地に井戸を掘り、害のない水を取りだすということはまさにウォーターディバイニングです。

ツゥレーンは後に地質学、電気学、電波電磁学を学び、ダウザーとしての素養を自然な形で手に入れ、水脈探査、鉱石探査などで実績を残しました。後にメディカルダウジングも行うようになります。

彼によってなされたラディエスセシア上の偉大なる発見は2つあります。まずエネルギーを11カラー（赤／橙・オレンジ／黄色／緑／青／藍・インディゴ／紫／紫外／黒／白／赤外）

に分析・識別する手法、そしてサトルエネルギーはホリゾンタル（水平）とヴァーティカル（垂直）という2種によって成り立っており（くわしくは124ページ）、その特性を分析したことです。

ツゥレーンはサトルエネルギーにおけるカラーと角度の相関関係も見出しており、さまざまな角度のペンデュラムを作成し、カラーエネルギーとの共振関係を突き止めました。つまり、各カラーに響き合う角度を明確に見出し、それぞれの角度のペンデュラムで正確な探知ができることを実証したのです。

角度のエネルギーとは？

角度のエネルギーといっても、しっくりこない人もいると思いますが、ガラスのプリズムによる分光のイメージでとらえてもらうとよいでしょう。プリズムは、波長による屈折率の差を利用して波長成分を分けています（分光）。波長が短くなるにしたがって屈折率が大きくなり、光が曲がる角度（屈折角）が大きくなります。この屈折角の差により、分光される仕組みです。

私たちは当たり前すぎてあえて認識していませんが、日常生活でも角度が大きな意味を持っています。例えば90度という角度です。部屋の隅（90度の角）を丁寧に掃除しなければならないことは誰でも知っていますよね。「四角い部屋を丸く掃除する」とは姑から嫁への皮肉のフレーズとしても使われますが、この90度という角度にはエネルギーを拡散する機能があります。部屋の角に天然石や植物を自然と置きたくなりませんか？　それは無意識のうちにエネルギーを広げる力を知っているからです。エジプト神秘学ではコーナーストーンプリンシプルと言い、90度の角に聖なるものを置き、そのエネルギーを空間に広げるという意図がありました。

ちなみに、入居前の新築マンションを掃除する業者の間では、部屋の隅の塵を取り除くと部屋全体がきれいに見える、として実践されているそうです。たしかに、部屋の隅がきれいだと全体が締まって見えるだけでなく、エネルギーも高まります。

形状は特定のエネルギーを生み、一定の機能を果たす

前述のようにエネルギーは形状によって識別できますが、エネルギーを形状によって放射することで一定の機能を果たします。つまり形状が特定のエネルギーを生み出し、目的に応じてそのエネルギーを使うことができるわけです。この原理は、多くのラディエスセシスト

により活用され、ダウジングにおけるエネルギー変換にも応用されていきます。

ルイス・ツゥレーンは、異なる角度を持つ11種の円錐形ペンデュラムを製作しました。これらはそれぞれ11種のカラーエネルギーを放射し、同じカラーエネルギーを持つものと共振します。たとえば、赤色のエネルギーを放つ角度の円錐形ペンデュラムは、赤色のエネルギーを放つ物質のエネルギーと共鳴するので、容易に探知できるようになります。この「一定の角度は一定のカラーのエネルギーを発信する」という法則は、後にラディエスセシアの発展に大きく貢献することになりました。

ただ、彼はサトルエネルギーのカラー分析において、あるカラーを見つけ出すことができませんでした。その〝忘れられたカラー〟とは、**ネガティブグリーン**と呼ばれる非常に重要なエネルギーです。このエネルギーは多くのダウザーたちを魅了し、深く研究されることになります。ここで、本書のカバーの内側にあるカラースペクトラムの円形図を見ておいてください。グリーンの反対側にあるのが、ネガティブグリーンです。現在でもこのネガティブグリーンというカラー（の振動数）は、ダウジングの分野において骨格として扱われています。

古代エジプトの遺跡に残されていた神秘幾何学形状

では、ネガティブグリーンをはじめとした各種のエネルギーについて理解していく前に、少し遠回りして古代エジプト研究者たちの業績を紹介していきます。

前述のベリザルとシャメリーは、非常に多くの古代エジプト遺跡でエネルギーの研究をしました。主として形、角度、比率、方位とサトルエネルギーの関連に着目し、エネルギーのカラーを識別する専用のペンデュラムを使って、古代の建築物はそれぞれカラースペクトラムで探知できる12種類のカラー（本書カバーの内折参照）が方位と関連され、見事なエネルギーデザインが施されていることを発見していきます。

ピラミッドの上部はグリーンプラスを放ち、下部はネガティブグ

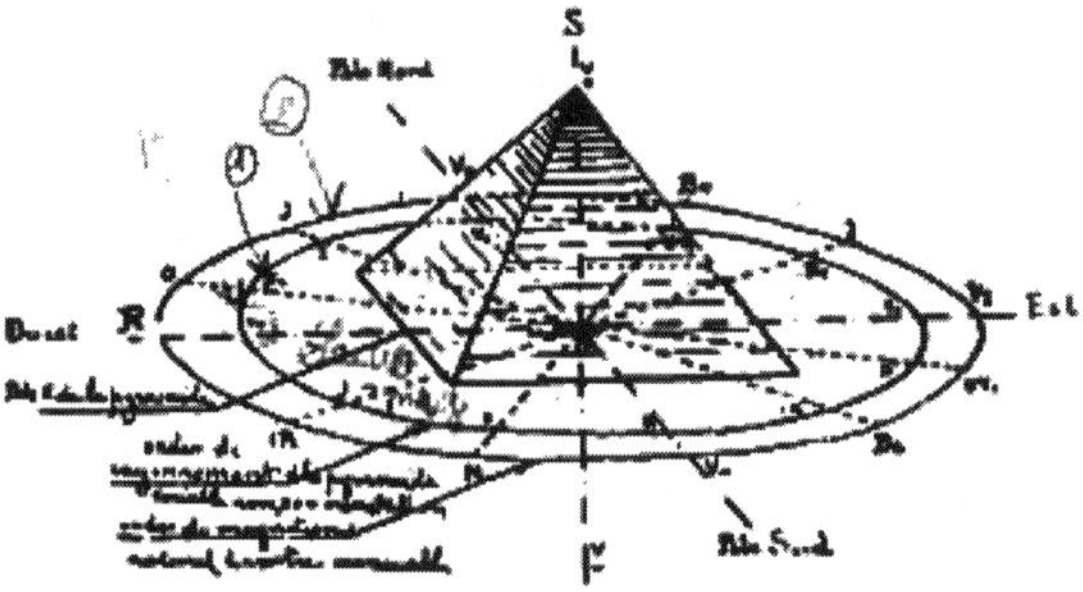

リーン、周囲は北がグリーンプラス、西がレッド、東がバイオレット、南がネガティブグリーン、それらに付随して残りの8カラーも秩序立って配置されていました。また、ピラミッドはその向きを変えると、それに即してカラーの位置も動くことを発見しました。

ミイラにもエネルギー配置が施されていた

古代エジプトといえば、ピラミッドと並ぶほどにミイラという遺体の長期保管法が知られています。その高度な防腐処理技術は4000年前には確立されており、ヘロドトスやディオドロスによる文献にも記録されています。

ベリザルとシャメリーの研究によると、古代エジプトのミイラは身体の位置が完全に固定化されており、水平方向にも垂直方向にも明確なエネルギー配置がなされており、それがミイラ化を促進する作用があることを把握しています。空間に対してエネルギー設計がされていたのでした。

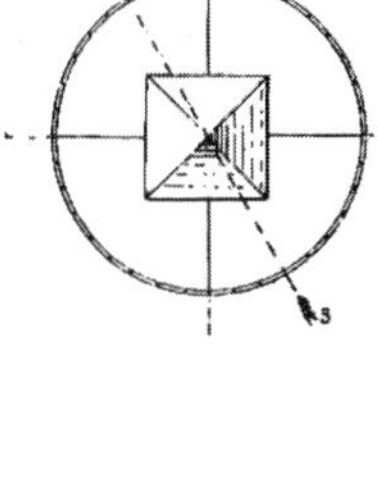

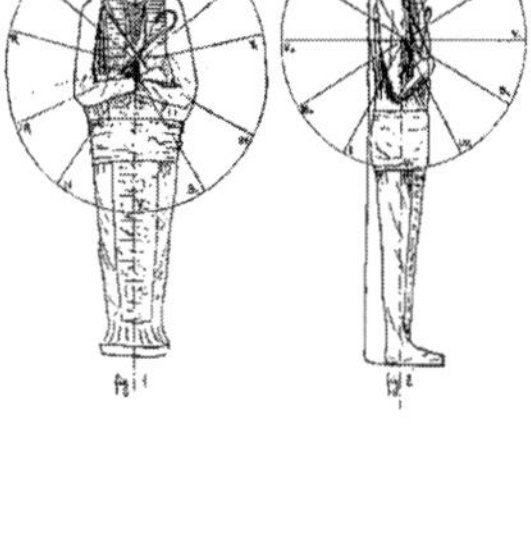

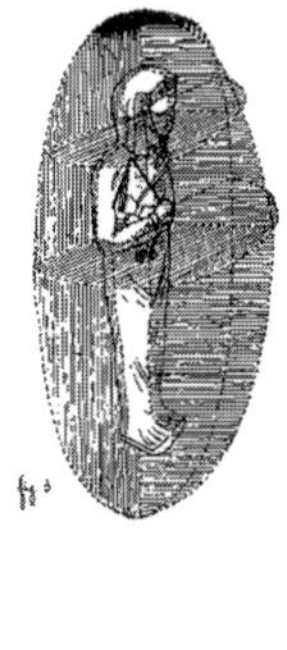

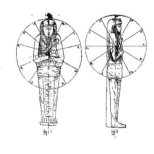

アンクのサトルエネルギー

ルクソール西岸にある王妃の墓の壁画では、イシス神が古代エジプト第19王朝時代の第3代目ファラオ、ラムセス2世の正妃ネフェルタリにアンクのエネルギーを与えています。エネルギー配置から見ると、アンクのグリーンプラスのエネルギーを鼻に向けて与えています。

人間の鼻の先には、脳下垂体があります。脳下垂体とは、さまざまなホルモンの分泌をコントロールしている器官で、現代でも脳下垂体の手術は鼻の奥から行います。ちなみにミイラをつくるには解剖学の知識が必要で、腐敗の早い内臓や脳を最初に取り除くわけですが、脳はフックのついた器具で同じく鼻から掻き出していたとされています。人体構造の知識があったこと、そしてアンクのサトルエネルギーでどうアプローチしたらよいのかを知っていたことがわかります。極性の関係で、男性は右手に持ち、女性は左手に持つという記述がありますが、当時は男女のエネルギー的な極性のちがいをそのように判断して

イシス神はエジプト神話における豊穣の女神で、オシリスの妻、ホルスの母。

いたのでしょう。

前述したアンクは、現代ではヒーリング目的で2本脚のプリアンク（本来は2本脚アンクが元であったと考えている人たちはこう呼びます）となり、アトランティスクロスと呼ばれて活用されています。2本の脚からはブラックとホワイトのエネルギーが放たれます。頭部はグリーンプラス、右手はレッド、左手はバイオレット、形状そのものに12種類のカラーを安定させるバランス効果があります。

アトランティスクロスはペンダントとして護符のように使うことが知られていますが、イシス神のようにヒーリングにも使えますし、場（空間）のエナジャイズにも使えます。そのため、大きいサイズのものもあるわけです。ネガティブグリーンを使えないものの、どのような状態でも必ず安定したエネルギー状態をつくり出せるので、ヒーリングには最適といえるでしょう。

ちなみに、ネガティブグリーンによるヒーリングを行うのであれば、オシリスペンデュラムを使います。オシリスはネガティブグリーン

アトランティスクロス

エジプトの絵文字や寺院遺跡の装飾で確認したところ、かつてエジプトの貴族たちが本来2本脚だったアンクを1本に変えてしまったことがわっていますが、現代では2本脚として復刻されました。

（100ページ）を効率よく使えるだけでなく、その円周サイズや半円球の連結数などでエネルギーの質・量・圧力を調整できます。

エジプト神秘形状の要 ジェドピラー

古代エジプトのジェドピラーは、最も多くの装飾品、壁画、彫刻に登場する神秘形状です。その役目から、バッテリーと呼ばれることもあり、安定、バランス、パワーアップの機能を果たします。他の形状と複合させて、特定の形状の機能を増強する役目を果たしているのが特徴です。ダウジングやヒーリングに単独で使うこともありますが、一般的にはまだ知られていないようです。

ダウジングにおいて最も主要な形状であるジェドピラーの活用例としては、イシスペンデュラムです。イシスの形状に着目すると、アンクの強いエネルギーがジェドピラーによってバランス化とエネルギー増強がされているのがわかりますし、ペンデュラムとしての用途を考え、先端部は尖らせています。

オシリスの背骨と呼ばれる、バランス力、安定力が高い形状。

ファラオの呪いとアトランティスリング

アトランティスリングは、1860年にフランスのエジプト学者であるマルケス・ダグラン（Marquis d'Aigrain）により、王家の谷で発掘されました。このリングはアスワンの鉱山から採れた暗い色の砂岩から作られており、イギリス人考古学者ハワード・カーターの手に渡り、彼が身に着けることになります。カーターといえば、20世紀最大の発見と言われるツタンカーメン王墓を発掘した人物です。

この王墓発掘の5ヶ月後、発掘資金を提供していたカーナヴォン卿は「鳥が頭の中をひっかく」と言いながら高熱にうなされて急死します。別の王墓ではありますが、その壁に「偉大なるファラオの墓に足を踏み入れた者は、鳥の素早き翼のご篤志が襲いかかるであろう」という碑文があり、その不審な死を連想させました。

その後、墓の開封に立ち会った考古学者のアーサー・メイス、ツタンカーメンをレントゲンで調査しようとした医学者のアーチボルド・リード、解剖学の権威であるダグラス・デリーなど、発掘に関わった人々が1922年から1929年の7年間で22人が亡くなったため、マスコミがセンセーショナルに「ファラオの呪い」として報道し、大きな話題となりました。

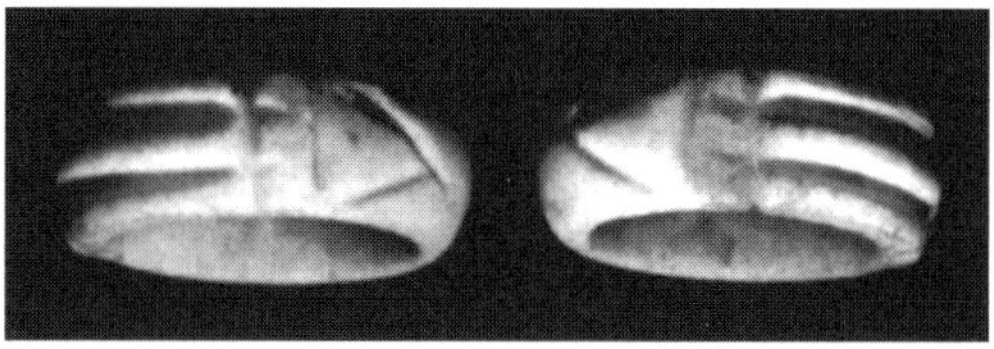
ナイル川西岸の王家の谷から発掘されたリング

しかし、発掘者のひとりであるハワード・カーターはこのアトランティスリングを持っていたために呪いから逃れたのではないか、と信じる者が現れます（そのため、このリングはハワード・カーターリングとも呼ばれています）。リングのおかげでファラオの呪いから唯一、逃れたという話は、神秘を好む人たちを惹きつけたことは事実です。もちろん、これが単なるストーリーなのか、真実なのかは誰にもわかりません。

しかしながら、ダウザーである前述のベリザルとシャメリーの研究を引き継いだポール・アンドレ・モレル（P.A.Morel）は、共著である書籍『Physique micro-vibratoireet forces invisibles』（微振動物理学と眼に見えない力）にこの形状エネルギーの研究結果を残しています。神秘的な話は別にしても、特定の形状が効果的なエネルギーを放つ特別なものであるということは、少なくとも形而上学的な世界、あるいはダウジングの世界では周知の事実として認識され、今でも活用されています。

５千年前に作られたリングのパターンを、ベリザルとモレルは引き延ばして平面化しました。三角形、四角形、長方形の組み合わせからなる

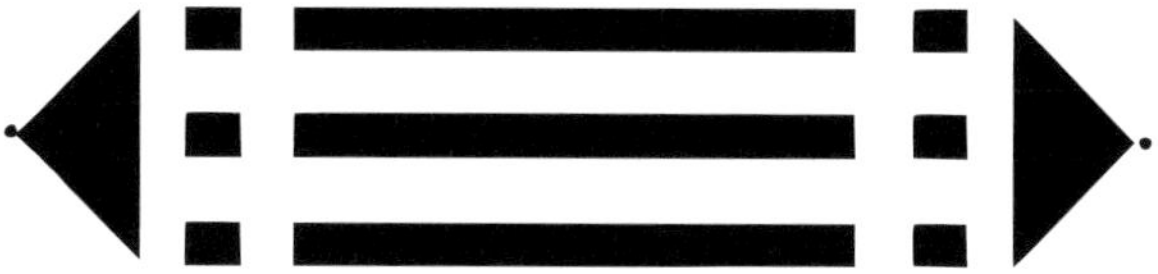

リングの形状を引き延ばした模様

この図柄パターンは、エジプトの象形文字とはまったく違います。エジプトに存在しないものがなぜそこにあったのでしょうか。アトランティスの叡智はエジプトに移管されたという考え方があり、この形状のルーツはアトランティスではないかとされて、一般的にアトランティスリングと呼ばれるようになります。

ベリザルとシャメリーは、この形状のプレートがルクソール遺跡全体に壮大になされているエネルギー設計と同じであることを確かめます。コズミック（天）とテルリック（地）のエネルギーバランスが強力なプロテクションのパワーをつくり出していること、さらには全エネルギースペクトラムを４００度に分割して理解していたのですが（３６０度＋ネガティブグリーン40度）、そのすべてのスペクトラムを保有していることを計測します。

また、この形状の大きいバーのようなものを制作して、エネルギー場をつくり出しました（そのディバイスはアトランティスバーやルクソールシールとも呼ばれます）。

アトランティスリング、アトランティスペンダントは身に付けて使い、アトランティスバーは南北に先端方向を合わせ、エネルギースペクトラムを基本の状態で固定、それを発信させて場所をエナジャイズ（増強）します。必要に応じて位置を変え、エネルギースペクトラムの調整などを場所や目的に沿って行うことができます。

カルナックペンデュラムの原型

世界で最も使われているカルナックペンデュラムの原型は、王家の谷にあるカルナック神殿の石棺の中にあった「ワジ」（Wadj）と呼ばれるアマレットです。ワジは緑を意味する言葉ですが、同時に健康や人生の繁栄を意味する言葉としても知られ、永遠の若さの象徴であり、死後の世界での永遠の若さを保証するために埋葬の際に遺体の首元に置かれることが多かったとされています。『死者の書』の呪文には、ワジのアマレットが無傷で見つかった場合、着用者が死後の世界でも健康になることが記されています。

アトランティスバー

現代では空間エナジャイザーとして活用されています。

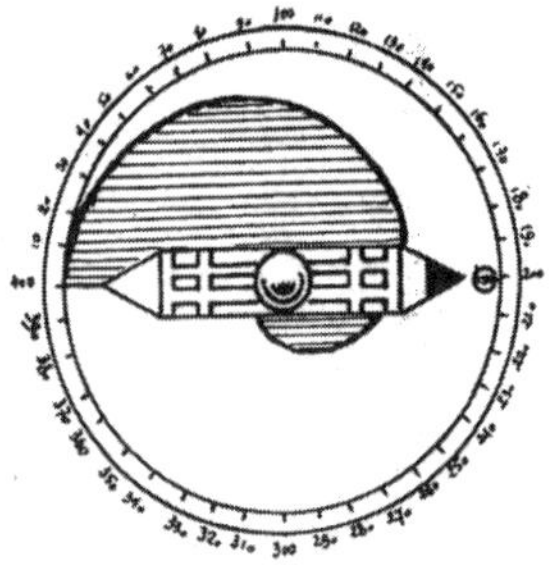

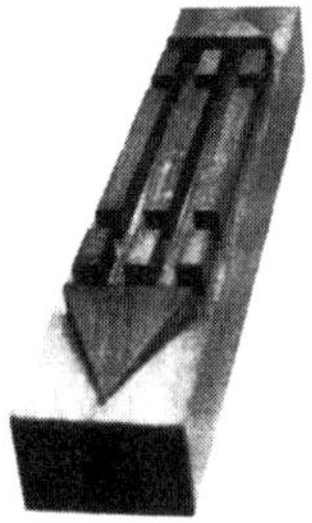

歴史的には呪術的な道具とカテゴライズされていますが、それは目的がわからない発掘物にあてられる用語でもあり、フランスのダウザーたちは世界最古のペンデュラムだと考えました。発掘されたものは上部の半円球（ヘミスフィア）を傘状に修正した形状からネガティブグリーンを放ち、それが下部のジグザグの刻みによりコレクション（修正）され、マグネティック・ネガティブグリーンだけにしていることは、ラディエスセシストたちはすぐにわかりました。すべてに理由があるのです。

現代のカルナックペンデュラムも、同じように薄い2つの半円球をつなげることで、安全なキャリッジウェーブ（エネルギーを伝達するエネルギー）をつくり出し、非常に高い感度を実現しています。探知を助けたり、遠隔的な使い方やテレパシックなチャネリングに力を貸してくれる機種として活用されていますし、水、鉱物、金属の探知、食品やレメディの選択やその摂取量の決定、あるいは各種の分析に使われています。

カルナックペンデュラム
現代では再デザインされ、中央部にコレクションされたヘミスフィアを持ちます。

隠されていた最後のエネルギー ネガティブグリーン

１９３３年、ベリザルとシャメリーは長年の研究の成果として、ルイス・ツゥレーンが確認できなかった未知のエネルギー、ネガティブグリーンを発見します。この12番目のエネルギーこそ、100年以上ダウジングにおいて重要な位置にあり続け、生活環境やエネルギー環境が大きく変わった今も、新たな活用法を見出していくことが現代ダウジングのテーマともなっています。ちなみにネガティブグリーンのネガティブとは、エネルギースペクトラム（本書のカバー内折を参照）の配置上、グリーンの対極の位置にあることから「反対の」という意味であり、もちろん悪いエネルギーということではありません。グリーンマイナス、ラディエスセシアグレイ（エネルギー配置上、黒と白の間にあるため、グレイを当てはめた）という呼び方もあります。

では、ネガティブグリーンとはどのようなエネルギーでしょうか？　その概要を表現すると、次のようになります。

▼エネルギー的な特徴

さまざまなレベルの情報を伝達して、キャリッジウェーブとしての役目を果たす。すべてのエネルギーセンターや聖なるエネルギーラインに存在する。通常の「気」とは異なるクンダリーニエネルギーのような高いレベルに関わる。動かし続けることでエネルギー的な問題を解決する。

▼フィジカルレベル

ボディシステム、またはその内部でのエネルギーの伝導（器官・分泌腺・経絡）。ブロックを除去し、機能不全を改善。身体の極性のバランスや適正化。

▼エモーショナルレベル／メンタルレベル

感情エネルギーを伝導し、潜在意識レベルのブロックを除去し、認識を高める。

▼スピリチュアルレベル

高いレベルのエネルギー体とつながる、あるいは放出し、伝達を行う。祈り、祝福、瞑想などのスピリチュアルワークを高めるほど、そのエネルギーは強くなる。

治療家エネルが残した、ネガティブグリーンのセラピー

多くの歴史的ダウザーの中で、はっきりと病気の治療のためにダウジングの研究に取り組み、その記録を残した人物がエネル（Enel　1963年没）です。フランス人と誤解されるようですが、ロシア人でロシア軍の大佐をしていた経歴があり、本名はクーナー・スカリアトゥ（Kurner Scariatin）と言います。『ダウジング治療の最初のステップ』（PREMIERS PAS EN RADIESTHESIE THERAPEUTIQUE）や『形状エネルギーと癌』（RADIARIONA DES FORMES ET CANCER）など、現代では医師法違反で発表できないような文献を残しており、クライアントの症例から、どのサトルエネルギーがどの病に効果があるかをまとめています。

「バイブレーションで識別探知することで診断し、効果的なバイブ

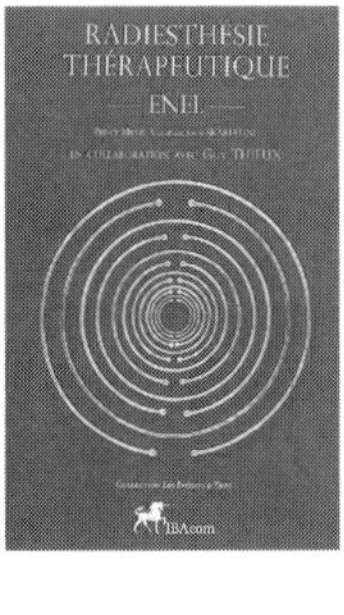

レーションを使ったセラピーをすることで、クライアントの病気を改善させる」

エネルはこう語っています。彼の技術は残念ながら実際の医療現場で活用されることはありませんでしたが、彼もまたネガティブグリーンの研究に取り組み、オシリスペンデュラムによるセラピーを確立させた一人です。20世紀初頭に起こった近代ダウジング、フレンチラディエスセシアの核心とは、このオシリスペンデュラムのネガティブグリーンと言ってよいでしょう。にもかかわらず情報が封印されてきた経緯があるのですが、良薬も過剰摂取すれば危険性があると考えられたからでしょう。

しかしながら、この重要なペンデュラムは今後、解放されていくべきものだと思います。ネガティブグリーンを放射するオシリスペンデュラムは、他の機種に比べてデリケートではありますが、基本的なルールを守れば安心かつ効果的に扱えます。特に大切な点としては、施術等の最後にノーマライズのためのエネルギートリートメントを行うことです（ノーマライゼーションとしてイシスペンデュラムなどを使います）。リリース系のヒーリング（害のあるエネルギーを取り除く）を行う場合は、コードの端末を手の外に出し、エネルギーを積極的に開放します。コードの先に延長コードを付け、地面や机の脚につけてアーシングしてもよいでしょう。

ピタゴラスと弟子たちが発見した一本弦の原理（モノコードプリンシプル）

ラディエスセシアの基本となる原理は、もうひとつあります。

ドレミファソラシド、音階というものを発見したのは、古代ギリシャの数学者にして哲学者のピタゴラス（紀元前５８２～紀元前４９６年）です。ピタゴラスとその弟子たちは、まずモノコード（一本弦）と呼ばれる楽器をつくり、数学的に音を分析していきました。モノコードとは、共鳴箱の上に弦を一本張り、琴柱《ことじ》を移動させることで弦の長さを変えられる装置です。弦の長さに数学的に反比例して音が変わることは現代では当たり前ですが、当時としては大発見でした。

ピタゴラスとその弟子たちは、モノコードを２つ用意し、片方のモノコードの弦の長さを固定して基準としました。もう一方のモノコードは、琴柱を動かすことで弦の長さを短くしていきます。２つの弦を同時に弾き、きれいに２つの音が溶け合い響き合う位置を探しました。

そして、片方の弦の長さが半分になったとき、すなわち弦の長さが２：１になったときに２

つの音が完全に溶け合うことがわかり、さらには2つの弦の長さの比が3：2や4：3のときにも、それぞれの音が調和することがわかりました。

弦の長さの比が2：1　完全8度（1オクターブ）
弦の長さの比が3：2　完全5度
弦の長さの比が4：3　完全4度

この「音階の調和」の発見は、後に宇宙の調和や天体の音楽という考えに発展し、ドイツの天文学者ヨハネス・ケプラー（1571〜1630年）にも影響を与えました。調和という概念が、数学的にも表現できたわけです。ダウジングでもこの一本弦の原理（モノコードプリンシプル）を使っています。ペンデュラムがモノコードと同じように特定の事象に一定の長さで響き合うとき、その長さを半分にしても同じように響き合うことは、実験すると確認できると思います。音階で言えば、完全8度（1オクターブ）違うからです。

弦の長さによって音、つまりはバイブレーションが変わるという原理を、ラディエスセシストたちはダウジングに活用していきました。また、特別なエネルギーを特別な目的に使う事例も多く発見され、後にダウジングによる治療へと発展していくことになります。

エネルギーをカラーで識別する①
ニュートラルペンデュラム

ラディエスセシアでは前述の一本弦の原理を利用し、ペンデュラムの振り子の長さ（つまり紐を持つ手の位置）の変化によってペンデュラムが共振する／しないで識別・探知していきます。前述のように、特定の長さの振り子は特定のエネルギーと響き合うという原理を使っています。

人へのヒーリングの際、活用しやすく効果性が高いためにチャクラシステムを使うことが多いと思いますが、ダウジングにおいては**カラー**を使います。カラーによってエネルギーの質をカテゴライズすることができ、エネルギーの作用や傾向に加えて、素材、組成特性、特徴を人、物、植物、場所空間といったものに対しても探知・分析を行い、あらゆる分類や識別を行うことができます。

何かのエネルギーを測定する際、例えばペンデュラムがエネルギーを放っていると、対象物を見つけやすいわけですが、その反面、エネルギー変化が起きてしまうことがあります。

対象物そのもののエネルギーを正確に測定するために、エネルギー的にニュートラル（中立）なディテクター（探知器）となるニュートラルペンデュラムを使います。

ちなみに、プロダウザーが測定において天然石のペンデュラムを使うことがない理由もここにあります。天然石は固有のエネルギーを放ち、さらにエネルギーを記憶しやすいので、探知のダウジングには厳密な意味では適していない素材と言えます（もちろん、エネルギーヒーリングに使うのであれば、クリスタルヒーリング的な見地において有効に使える素材となります）。

このニュートラルペンデュラムは、歴史的に加工の容易さから木でつくられ、エネルギー

ベリザルとシャメリーの著作に掲載されていたニュートラルペンデュラムの図。

状態を考慮して無垢材が使われます。現在は、最もニュートラルでエネルギー特性が優れている真鍮が多く採用されています。

形状は基本的に球ですが、その球を変形させて洋ナシ形にした機種が使われることもあります。世界的に高名なヒーラーであるバーバラ・ブレナンがブナ製の洋ナシ形ペンデュラムがよいとコメントしていますが、プロダウザーでも主に使っている人がいますし、メディカルダウジング系ダウザーに好まれています。しかしながら、ラディエスセシアとしての根本的本質的なニュートラルペンデュラムは球といえるでしょう。

下記写真の機種では、横に筋がありますが、一度切断をして接着し直したからです。木に極性があるためそれを無効化するために、中央で切断し、片方を180度回して接着しているのです。黒い色が塗られているのは、ニュートラル化を高めるためです。

ニュートラルペンデュラム

紐（コード）には赤、橙、黄、緑、青、藍、紫のカラーの他、UV（紫外）、IR（赤外）、白、黒の波長に対応する位置がマークされています。

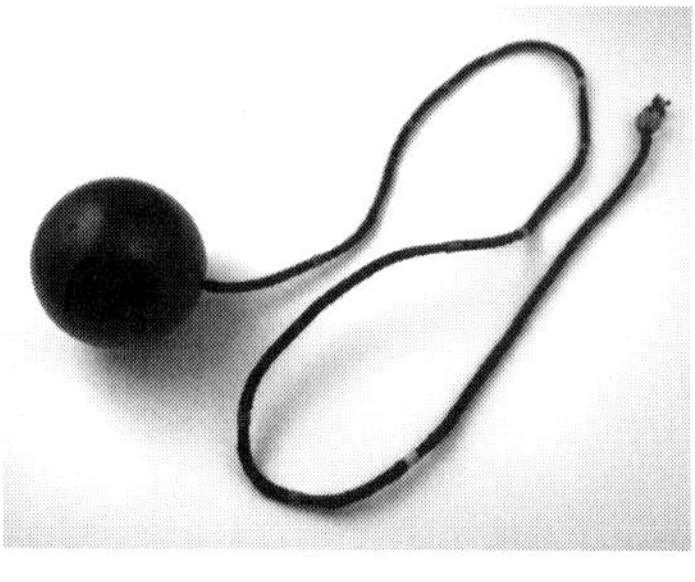

カラーによる識別・探知方法

ペンデュラムによる探知（ディテクション）では、可視光である9色によって識別・分類していきます。可視光であれば現実にその色を示す紙などが簡単に手に入ります。例えば、市販の色紙を用意してその上にペンデュラムをかざし、紐をどの位置で持てば9色の中のどの色に反応（共鳴）するかをそれぞれ調べていき、反応した位置に印をつけていきます（紐をコマ結びにして印とする方法もあります）。色の順番はペンデュラムのボブ側から、黒、赤、橙（オレンジ）、黄、緑、青、藍（インディゴ）、紫、白になります。

基本となる3色（赤・緑・紫）の位置を見つけてから、その間にある色の位置を見つけ、その後に黒と白の位置を見つけていくと全体の位置を決めやすいでしょう。

そして、赤い色の紙の上にペンデュラムをかざし、紐を持つ位置を本体であるボブのすぐ近くにし、持つ位置を上にずらしながら反応する場所を見つけます。反応した位置が赤を検知する位置となります。次に緑・紫と反応する位置を見つけ、次にそれらの色の間にある色の反応位置、橙（オレンジ）・黄、そして青・藍（インディゴ）の位置を見つけ、最後に赤の位置より短くしていって黒の反応位置を見つけ、最後に紫の位置から紐を長くしていき、白の反応位置を見つけるという手順です。

ラディエスセシアでの探知におけるペンデュラムの動きは「時計回りに動く」「反時計回りに動く」「一定方向に振れる」「対象物の方向を指し示す」を使います。時計回りに動くときはそのカラーがある状態、反時計回りや直線的に振れる動きは共鳴していない状態（つまりそのカラーがない状態）、指し示す動きは対象が存在する方向やエネルギーの流れを示しています。

楕円、星形など特別な動きもサインだと主張する人もいますが、それは特定のサインを示すための過程としての動きか、誤動作になりますので、普通はサインとして採用しません。

ちなみに、さまざまな動きをサインとして扱う、あるいはダウジング中に起こる特別な感覚をメッセージとする手法もありますが、それは個々人の意図設定によって行うメンタルダウジングであり、ラディエスセシアとは別のものです。ラディエスセシアではシンプルで明確な一定のルールに即することで測定の正確さを高めていくことになります。

カラーによる識別・探知の使用例

では、ニュートラルペンデュラムで鉱石の中の金を探す実例を示しながら、ラディエスセシアを学んでいきましょう。まず、ニュートラルペンデュラムの紐の橙（オレンジ）の位置を持ちます（橙が金に対応・反応する色になります）。そして、金が含まれている可能性のある鉱石を調べていくとします。ニュートラルペンデュラムが時計回りに動けば金が含有されていることになりますし、反時計回りあるいは一定方向に揺れれば金が含有されていないことになります。鉱石に対するさまざまな金属の含有を調べるとなれば、カラーの金属対応に沿って同じように調べます。

金属のカラー対応例は、次のようになります。

鉄……赤　**金**……橙（オレンジ）
銅……黄　**水銀**……緑
銀……青　**スズ**……藍（インディゴ）
鉛……紫

ペンデュラムで探知したいものは金属以外にも、人のエネルギー、物のエネルギー、形のエネルギー、場所のエネルギー、植物のエネルギー、食べ物のエネルギー、音楽のエネルギー、絵のエネルギー、さまざまあると思います。それらも同じ要領で探知していきます。

エネルギーをカラーで識別する②
フィクショナルコーンペンデュラム

19世紀、マグネティズム（Magnetism）というサトルエネルギー学の研究者が登場します。デ・ロシャス（de Rochas）とカール・フォン・ライヘンバッハ（Karl Von Reichenbach）は「レッドカラーとブルーカラーが相反するエネルギー（ポジティブ／ネガティブ）を持っている」と明確に表現しています。この段階のラディエスセシアではポジティブ／ネガティブの分類と、太陽スペクトルからなる7つのカラーを利用してエネルギーを理解していました。

ポジティブ……レッド、オレンジ、イエロー
ネガティブ……ブルー、インディゴ、バイオレット

カラーヒーリング分野でいうところの、暖色と寒色という分け方でもあります。グリーンは両方の要素を併せ持ちます。もちろん、ここでいうポジティブ／ネガティブとは、良い／悪いという意味ではありません。ポジティブはエネルギーを活性化する方向、ネガティブは

鎮静化する方向という理解が的確です。

ルイス・ツゥレーン（86ページ）は、ホワイトとブラック、そしてウルトラバイオレット（紫外）、インフラレッド（赤外）を追加したディテクター（探知器）をつくりました。さらに、ベリザルとシャメリーはネガティブグリーンを発見し、全12カラーを識別するための分析用ペンデュラムである**フィクショナルコーンペンデュラム**を生み出しました。まっすぐなロッドに円盤状のディスクを突き刺したもので、そのロッド上を円盤状のディスクが上下に動きます。ディスクの位置によりロッドの先端との間で仮想の円錐状の角度をつくることができます。その仮想コーンの角度が共鳴するエネルギーにより、12種類のカラーエネルギーを識

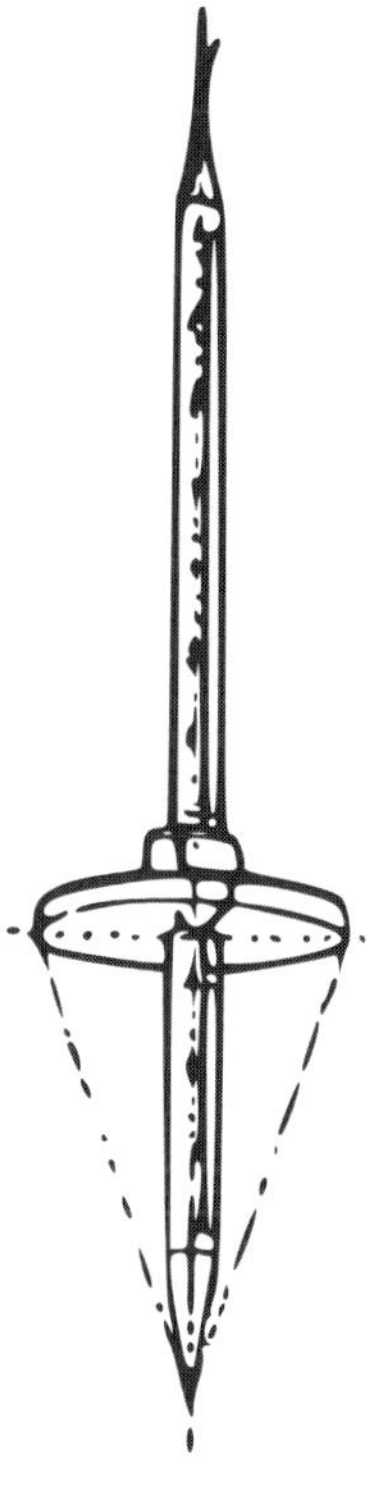

ベリザルとシャメリーの著作に掲載されていたフィクショナルコーンペンデュラムの図。ヴァーチャルコーンとも呼ばれ、エネルギーを放ちながら各カラーに共鳴するディテクター（探知器）専用の機種です。

別・探知したのです。

前述のニュートラルペンデュラムが紐の長さによってカラーを識別したように、フィクショナルコーンペンデュラムは角度によってカラーの識別を行います。ガラスのプリズムに通した白色光（さまざまな色を含む）が、屈折により各色がその波長の異なる単色光に分光される原理に似ています。波長が長い赤はあまり曲げられず、波長の短い紫は大きく曲げられています。これは光の分散ですが、サトルエネルギーの各カラーも角度、形状に呼応していきます。

100年前の機種は木製であり、ディスクとロッドの摩擦抵抗で移動させて固定していましたが、現在は品質がアップデートされています。素材はエネルギー的に中立なアクリル樹脂となり、ディテクターとしては好ましいものになりました。ディスクはばね付きのピンで、各ポジションで留められます。また、透明であるためにディスク越しにロッドに記された文字が見えるので使いやすいという利点があります。

各記号が表わすカラーは、次のようになります。

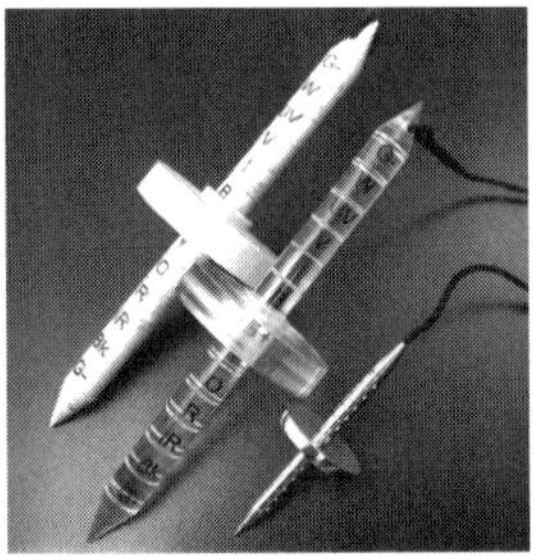

フィクショナルコーンペンデュラム

ジオパシックストレス対策のためのエネルギーラインの測定や対策後のエネルギーチェックにも活用されています。

ロッドの位置とカラーの対応表

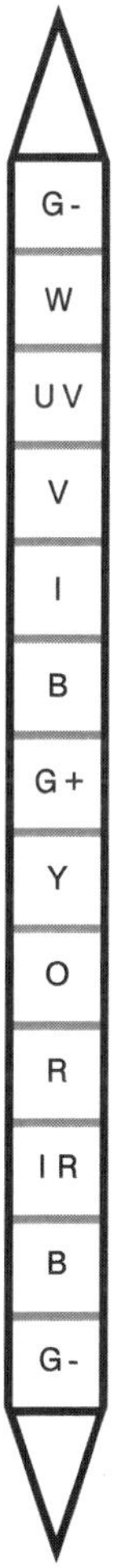

G－　ネガティブグリーン（グリーンマイナス）

W　ホワイト

UV　ウルトラバイオレット（紫外）

V　バイオレット

I　インディゴ

B　ブルー

G＋　グリーン（グリーンプラス）

Y　イエロー

O　オレンジ

R　レッド

IR　インフラレッド（赤外）

B　ブラック

G－　ネガティブグリーン（グリーンマイナス）

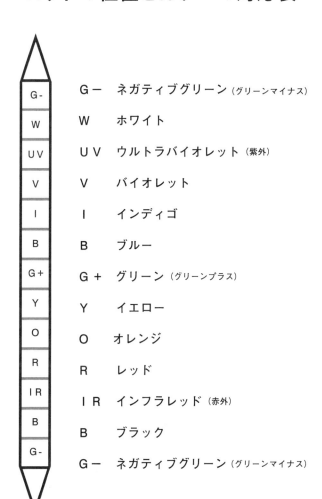

フィクショナルコーンペンデュラムによる水の識別例

ディスクを探知したいカラーの場所にセッティングして、サトルエネルギーの各カラーの有無、場合によってエネルギーの量などを探知していきます。ベリザルはこの識別法を使って、次のように水を分析していきました。

青（ブルー）……飲料可、通常のコンディション、純粋な水
藍（インディゴ）……飲料可
赤外（インフラレッド）……飲料可、有害なエネルギーの影響
黒（ブラック）……塩分を含む水
紫外（ウルトラバイオレット）……動物性の微粒子
紫（バイオレット）……飲料不可、植物性分解微粒子
白（ホワイト）……飲料不可、オゾン過多
緑（グリーンプラス）……飲料不可、汚染・発がん性物質

ラディオニックペンデュラム
現代ペンデュラムの最終進化形ともいわれる機種で、球形の本体にはセルバッテリーが内蔵されています。静置した状態ですらエネルギーを放っており、それはキルリアン写真でも確認できるほどです。

ネガティブグリーン……飲料不可、放射性物質汚染
黄（イエロー）……飲料不可、不適切成分
橙（オレンジ）……危険、化学物質
赤（レッド）……危険、バクテリア

ラディエスセシアはヒーリング分野へ

フィクショナルコーンをさらに高度にした機種が、ラディオニックペンデュラムです。探知用として小型の5・4があり、ヒーリング用としてエネルギー放射量が多い6・6がありま す。この機種は、ダウジングがエネルギーヒーリング分野に展開していった歴史を反映しており、3つのディメンション（後述するマグネティック、エレクトリック、エレクトロマグネティック）で12種類のカラー、さらにネガティブグリーンを12種に細分化して、ヒーリングに活用するという精密なものです。

エネルギーをコレクションする

エネルギーヒーリングにおいて、エネルギーの**コレクション**（修正する）という概念は、

とても重要です。害のあるエネルギーがあれば遮断するか、消滅させることがベストですが、現実的には困難だからです。例えば、現代で避けられない問題ともなっている電磁波はいたるところに飛び交っており、電波塔の撤去や携帯電話の使用をやめることはできません。同じように、住んでいる家のエネルギーが悪い、ジオパシックストレスがあるからといってすぐに引っ越すことはできないでしょう。「遮断する」「避ける」という方法もありますが、現実的なのはコレクション（correction）という方法で、トランスフォーム（transform）やトランスミュート（transmute）という言い方もします。

コレクションとは「そこに存在しているが、変容させて実質的に害を起こさなくさせる」というものです。つまり量（quantity）ではなく、質（quality）を変えるということです。例えば携帯電話用の電磁波対策グッズを使ったとしても、電磁波は計測機器で有無や数値を確認できますが、「質が変わったので影響を受けなくなった」という状態にできたなら「電磁波がコレクションされた」と表現します。ラディエスセシアには、エネルギーをコレクションするさまざまなヒーリング法がありますし、実際にコレクションされたかを測定することができます。

比率からエネルギーの種類を識別する

比率を利用したツールは前述のニュートラルペンデュラムですが、さらに精密にしたものがレカーアンテナです。

ドイツの物理学者アーネスト・レカー（1856～1926年）は、平行に配置された2つの金属ワイヤーがアンテナのように作用し、エネルギーを放射・受信するというエネルギー共鳴現象を発見します。

地球上のすべてのもの（あるいは状況）は、それぞれ固有のエネルギー周波数を持つため、スライダーのついたワイヤーループでチューニングして計測し、エネルギーの調整ができることがわかりました。

後に、一本弦（モノコード）の原理とVロッドを組み合わせたレカーアンテナを開発したのです。

目盛り（比率）によって相当するエネルギーの種類が明確となっているので、必要なエネルギーを放射することができます。

レカーアンテナ

エネルギーの測定だけではなく、バランスの崩れた人や空間のエネルギー調整、各種療法に活用されています。

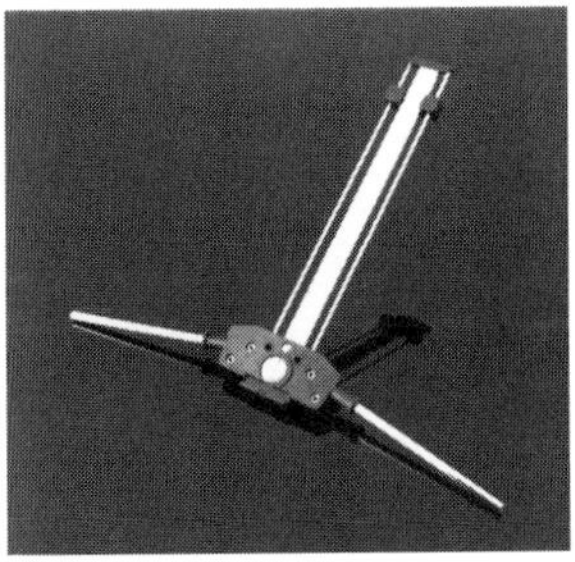

エネルギーをカラーで識別する③ セカンドフィクショナルコーン

前述のフィクショナルコーンでは、ディスクとロッドの先端との間に仮想のコーン（円錐）がつくられ、それによって各カラーを識別していますが、実際には紐（コード）を持つ位置とディスクの関係性においても、隠されたコーンである**セカンドコーンが**発生します。その角度や形状もダウジングに影響するということで、ベリザルとシャメリーは紐（コード）に3つのドットをつけていました。探知する対象によって使い分けており、その名残りで現在でも3つの位置に印が付いています。この3つの印の意味は、上から次のようになります。

① 色のエネルギーに関する探知
② 形状がつくり出すエネルギーに関する探知

3つの位置は当時、紐を結んでコマをつくって印にしていましたが、現在は熱収縮カラーテフロンチューブでその位置に印が付いています。

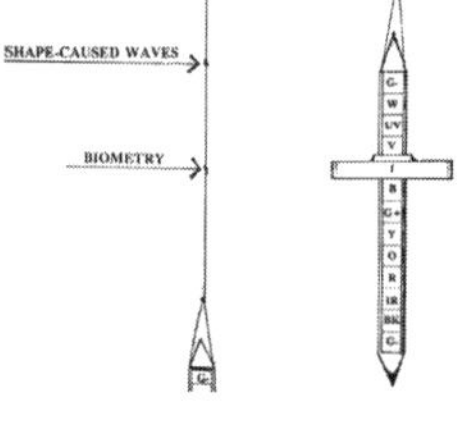

③ 生体計測・占星術に関わる探知

進化したカラーによるエネルギー識別法

英国ダウザー協会の元会長グラム・ガードナーは、ロゼットというものを使用してカラーによる識別を行っています。このロゼットとは、メンタルダウジング（メンタルラディエスセシアとも呼びます）の手法で、クラシカルなメジャーロゼット（33ページ）を彼が発展させたものです。私はガードナーと実際にスコットランドの聖地を歩きながら、その使い方を見せてもらいました。左手でロゼットを持ち、親指で色の部分を抑えてロゼットを動かしながら、押さえる色を替えていきます。右手で持つペンデュラムが反応した場合、その親指で押さえている箇所のカラーのエネルギーが存在するというわけです。

こうして各カラーを指で押さえることで、それを感じ、意識しながら自分が対象物に意識をつなぎ、ペンデュラムに反映させています。

グラム・ガードナー

スコットランド在住。プロダウザーとして世界的に活躍。2015年に初来日し、ワークショップを開催。作家の田口ランディと加藤とともに、青森県のストーンサークルを巡った。

ダウジングの講座では、よく「それぞれのカラーの意味を教えてほしい」という質問を受けますが、実際は「どの色が何を意味するのか」ではなく、「ダウジングする対象物がどのカラーエネルギーを持つか」を理解して、「探知したいものを、そのカラーエネルギーを頼りに探知する」と考えます。次のリストはガードナーによるものですが、見てわかるように土地のエネルギーと水脈調査では意味が変わっています。

赤……物理的症状・現象、セクシャリティ（水質調査の場合は鉄）
黄……記憶、意思、感情（水質調査の場合は硫黄）
緑……愛、癒し、心の開放（水質調査の場合は砒素）
藍……創造的な思考（水質調査の場合は飲料可）
紫……スピリットとの接続（水質調査の場合は聖水）
白……バランス（水質調査の場合はカルシウム、癒し）
黒……とても滞ったエネルギーライン（水質調査の場合は強い汚染）

ガードナーロゼット

伝統的に使われていた8色のカラーに加えて6色を追加。ウェスタンジオマンシー（西洋風水）のスペシャリストであるガードナーの知見をもとに製作されました。

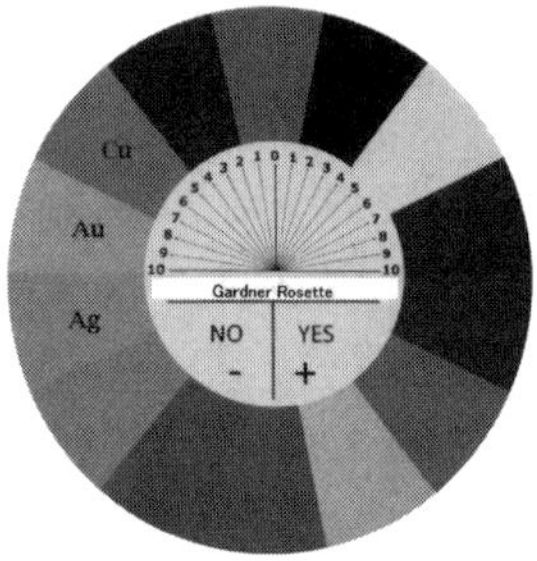

灰……ストレスを帯びたエネルギーライン（水質調査の場合は鉛、汚染）
茶……植物・土など自然の生命エネルギー
銅 Cu（橙）……ドラゴンエナジー、地球の精霊
金 Au……神とのコネクション
銀 Ag……スピリット、次元の超越、神の守護
ライトブルー……情報、コミュニケーション
パールピンク……天使の守護、癒し

カラーロゼットを使ってダウジングする際、可視光は色紙を使い、その上にペンデュラムをかざし、色紙と同じ色を押さえているときにペンデュラムが反応するよう練習を繰り返し、技術向上に取り組んでいきます。フィクショナルコーンペンデュラムの使い方でも同じことが言えます。ペンデュラムがつくる仮想の角度によってカラーを探知していますが、同様に実際に見える色を使って探知のトレーニングをすると、よりうまく扱えるようになります。

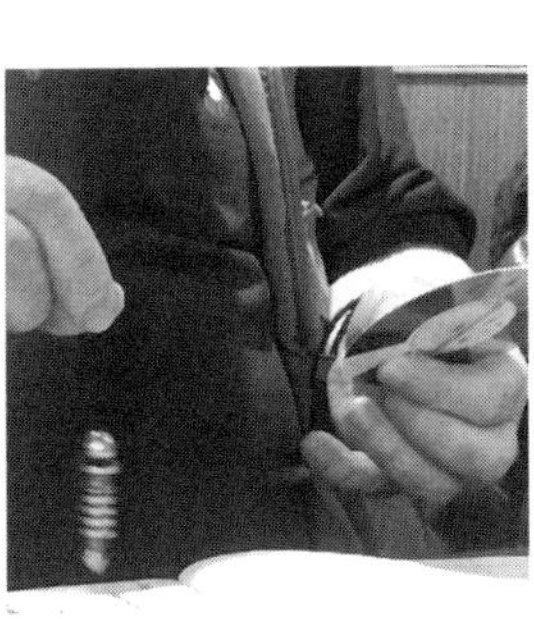
ディスクを回転させながら挟む色を順番に替えて、どの色でペンデュラムがYESの反応を示すかを調べていきます。

エネルギーはさらに2分類される
マグネティック／エレクトリック

ラディエスセシストたちは研究を進める中で、前述のカラー識別法に加え、マグネティック／エレクトリックというエネルギー特性についても測定できるようになります。12種のカラーはそれぞれマグネティック／エレクトリックにも分類されるので、全24種のサトルエネルギーを探知・識別していくのがラディエスセシアという分野になります。

ダウジングを経験したことがない人は、このマグネティック／エレクトリックという言葉に戸惑いがあるかもしれません。言葉通りに磁気や電気と受け取ってしまうからです。さらにエネルギーを増幅する連結形状のことをバッテリーと呼ぶために「ダウジングって電気が関係しているの？」などと思う人もいます。実際は、ラディエスセシアにおけるマグネティック／エレクトリックは一切、磁気や電気とは関連がありません。ベリザルとシャメリーは、サトルエネルギーがこの2つに分類できるという発見をしたのですが、他の言葉がなかったためでした。

ハイパーコニカル・
センシングペンデュラム

ダウザー必須
伝統的ベーシック

インテグレイテッド・
カルナックペンデュラム

高センシビリティ
遠隔ワークに

インテグレイテッド・
オシリスペンデュラム

ピラミッドパワー
ネガティブグリーン

インテグレイテッド・
アトランティス
ペンデュラム

至高のバランス
エネルギー

自然界最高レベルへ。

G.E.M.
Made in Japan

H3-19プロフェッショナルイシスペンデュラム

調和と統合の
エネルギーを最大化

NKヒーリングマスターペンデュラム

ヒーリング機種の完成形

ジェドピラーペンデュラム

古代エジプトの叡智の根源

ラージェドペンデュラム

太陽神ラーのエネルギー

H3イシスペンデュラム 6セル

高いレベルのヒーリングに

H3イシスペンデュラム 9セル

電磁波・ジオパシックストレス対応

究極の日本製。

イシスペンデュラムに、BG3を複合させたH3イシスは、ダウジングを次のステージに引き上げる。

H3イシスペンデュラム 4セル

エナジーペンデュラムは「機能」で選ぶ。

神秘形状ジェドピラーが古代エジプトの遺跡から発見されたとき、呪術的な用具と識別されました。しかし19世紀前半、ラディエスセシア研究家たちによってこの形状がエネルギー技術に関わる重要なディバイスだと明らかにされ、後に世界中のダウザーが、形状そのものが特定のエネルギーを発し、さまざまな作用をもたらすことを発見していきます。エナジーペンデュラムはそのような研究から生まれたものであり、使用目的や活用範囲によって適切な機種を選ぶことができます。

日本製エナジーペンデュラム（写真・上）

古代エジプトの遺跡から発掘された神秘形状をベースに、高い精密加工技術を持つ国内工場で製造。生み出すエネルギーは非常に細かく、安定感と柔らかさがあり、かつ力強く作用。

JSD日本ダウジング協会

ペンデュラム・ダウジングの普及促進、エナジーダウザーの教育・育成を行っている。エナジーダウジング講座、海外プロダウザーを招聘した講座を開催している。適切な素材と設計により製造されたエナジーペンデュラムには、協会認定品として保証書を発行。

ペンデュラムを動かしているのは、誰？ 五感を越えた世界をめぐる対談。作家・田口ランディとプロダウザー・加藤展生。未知の領域を冒険してきた二人が、潜在意識という叡智の泉の歩き方を語り下ろす。

著／田口ランディ　加藤 展生
四六判ソフトカバー／192ページ
発行：ホノカ社　価格：1,200円＋税
ISBN978-4-907384-05-0

好評 江原啓之氏 絶賛！

ダウジング・プロトコル
著者／スーザン・コリンズ

初心者向けダウジング入門と、神秘幾何学形状エネルギーを活用した、世界最先端テクニック「エナジーダウジング」を一冊に凝縮。アトランティスから古代エジプトへ受け継がれた、幻の叡智が明らかに！

著／加藤 展生
四六判ソフトカバー／213ページ
発行：ホノカ社　価格：1,200円＋税
ISBN978-4-907384-03-6 C0011

治療家＆セラピスト必読の書

ロビンへの手紙

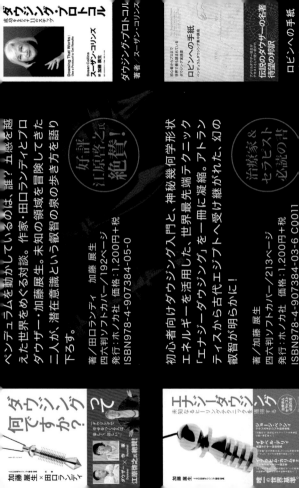

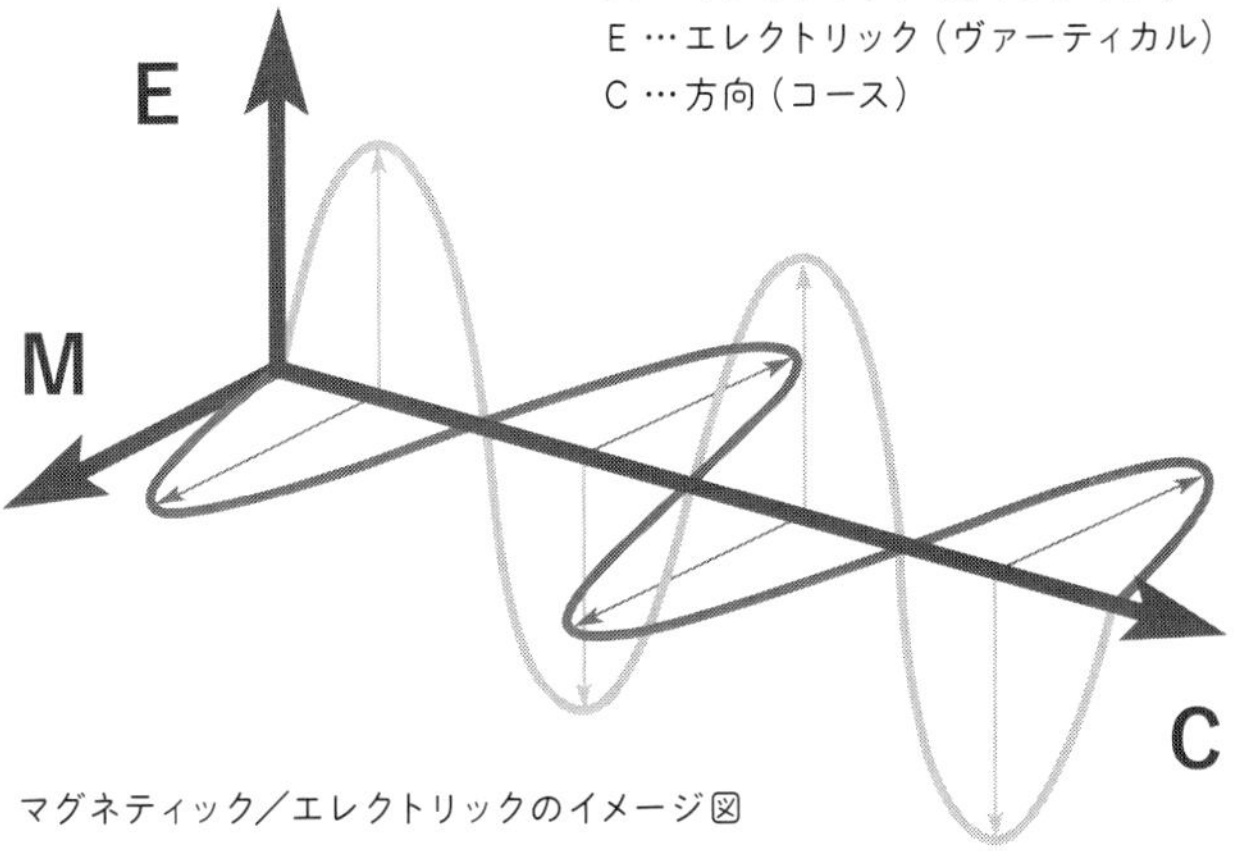

マグネティック／エレクトリックのイメージ図

マグネティックのウェーブは鉄のプレートを透過できませんが、エポカイトやベークライトのような電気の絶縁体は透過できます。一方、エレクトリックのウェーブは電気の絶縁体を透過できず、鉄のプレートは透過できます。この特性が磁気／電気と共通していたために、その名がつけられたのです。前述の通りこの2つのエネルギーは電気でも磁気でもないものの、まるで電磁波のように同時に存在しています。

さらに、マグネティックのエネルギーは水平方向に波を描き、エレクトリックのエネルギーは垂直方向に波を描くため、前者をホリズンタル、後者をヴァーティカルと呼ぶこともありますが、言葉は違っても意味は同じです。

さて、この分類について、ベリザルは次のように書き残しています。

「純粋なマグネティックのエネルギーは、ずば抜けて優秀で有益である。適正にそのエネルギーを処方して与えた場合、不健康な状態を改善させていき、健康を再構築する」

「純粋なエレクトリックのエネルギーは、有害である。細胞のエネルギーバランスを崩し、健康を破壊していく」

この言葉は、後のダウザーたちに大きな影響を与えました。拡大解釈されたり、曲解されたりと、混乱があったことは否めません。ベリザルの見解はひとつの特性がひとつの状況で起こる例なのですが、誤解を生みかねないこの言葉をあえて紹介したのは理由があって、前述のベリザルの見解は自身の書物に「ネガティブグリーンの実験と推察」として追記されたものだからです。つまり、エネルギーというものを理解していく上で、重要な示唆が含まれていますが、それはエネルギー特性のある一面を表現しているにすぎません。

前述のように、マグネティック／エレクトリックは相互に存在しているもので、切り分けることはできません。地球の大気の成分は窒素78％、酸素が21％、その他が1％ですが、生物にとって重要な酸素だけにしてしまうと空気として成立せず、生態系が崩れてしまうでしょう。同じことがこのマグネティック／エレクトリックにも言えます。そして、エネルギーの比率は場所や時間帯によって変動しています。相互に存在しているものの、空気の窒素と酸素のように常に一定のバランスではありません。つまり適切なバランスで存在して初めて調和のエネルギーとなるのです。

ちなみに、ダウザーたちの調査によると、現代社会において害のある場所の多くは、エレクトリック過多です。そのため、心地よい場所にするためはエレクトリックを減らしてマグネティックを増やすエネルギー変換をすればよいことになります。簡単で効果的なダウジングのアプローチ方法と言えます。

解明されたピラミッドのエネルギー場

実際にこういったアプローチは、古代エジプトでも行われていました。近代に起こったフレンチフィジカルラディエスセシアは、古代エジプトの高いエネルギー場をつくり出すシステムの研究から始まったわけですが、その特殊な場はエレクトリックをカットし、マグネティックを増やしていることがわかっています。代表的な試みは、誰しも知っているピラミッドです。

ピラミッドは底面に対して、４面が組み合わさっているように見えますが、じつは中央部が凹んでいて8面が組み合わさっています。ピラミッドがつくり出す最も特徴的なエネルギーであるネガティブグリーンのうちの、エレクトリックをカットしてマグネティックだけの環境をつくる効果があります。聖地として高いエネルギー場をつくるための意図的な設計なのです。

ピラミッドが建造された理由は、推測することができても、いまだにミステリーの部分が多くあります。ただ、エネルギー的に分析されたように、ピラミッドとは強力なエネルギーを放つエミッター（発信器）であることは間違いありません。

半円球（ヘミスフィア）のサトルエネルギー

半円球を採用した歴史的建造物は世界中に見られますが、この形状はピラミッドと同じエネルギーをつくることがわかっています。

半円球の底辺部を下に伸ばす、半円球を球状に引き伸ばして底辺部を延長する、先端に突起をつける、半円球を絞って先端を突起させる、

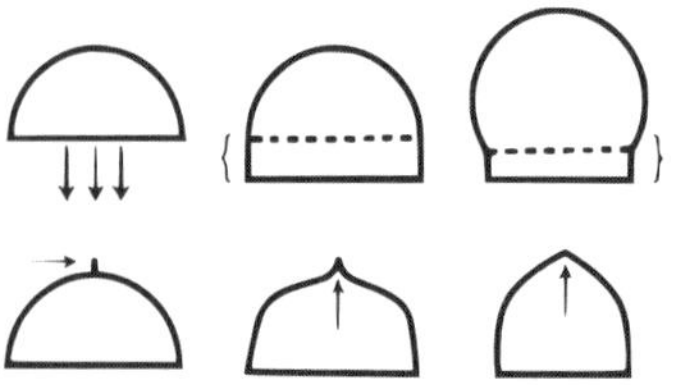

ヘミスフィアの修正例

半円球の上部を縦方向に引き延ばすなどのデザインを行うことで、エレクトリックのネガティブグリーンをカットし、マグネティックのネガティブグリーンだけにするトランスミューテーション（エネルギーキャンセル）が行われています。

この半円球の変形形状は、イスラム教寺院のモスクをはじめ、日本でも寺院の階段の手すりにある擬宝珠《ぎぼし》にも見られます。擬宝珠とはその名の通り模擬の宝珠という意味であり、魔除けとして設置されていました。

擬宝珠は仏教の宝珠が起源だと考えられます。英国の戴冠式に身に付けるレガリアにもこの形状が見られます。

私たちはどのエネルギーを使うべきか

ラディエスセシアは、聖地にある神秘的で高い波動のエネルギーを分析することから始まり、やがてその知見を病気の治療に活用していくことになります。現代では医師免許のない者の治療行為は法律で禁じられていますが、当時は重宝された分野でもあり、アベ・マーメット（84ページ）はネガティブグリーンをつくってエレクトリックをカットした変形形状のペンデュラムを製作し、治療的なダウジングを行いました。ベルザルもこの分野の研究を行っており、特に結核と癌へのアプローチの記録が多く残されています。ラディエスセシアにおけるエネルギーは、前述のようにマグネティック／エレクトリック、さらにカラーが12色で計24種を扱うことになりますが、どのエネルギーがいちばん力があるか、どれが有益でどれが有害かを端的に決めることはできません。あえて言えば、適切なものが適切な量だけある、バランスが取れた状態がよいと言えます。

特に注意すべきは、誰でも感じられるほどの強いエネルギーです。人間は狩猟採集の時代から培った感覚によって有害なエネルギーに敏感で、それ故に何事も有害か有益かに分類してしまう癖のようなものがあります。また、感じたエネルギーがパワフルであればあるほど意味のあるもの、あるいは良いものだと勘違いする傾向があるのです。

ある見方で害があるように見えても、実際は全体のバランスをとる役目を果たしているものもあります。この世界は自然界の生きとし生けるものが関わり合って調和を生み出していますが、もちろんエネルギーも同じであり、どのエネルギーがどれだけあるかを細かく理解していくのがダウザーです。日常生活でこの技術を活かし、どんな調和／バランスをつくっていくのか、このことが大切になっていきます。

4章 スキルアップの為のQ&A

同じ質問をして、人によって別々の結果が出ました。どう解釈しますか？

ダウジングの結果が分かれた場合、可能性としては誰かが間違っているか、全員間違っているか、全員が合っているかになりますが、ダウジングは自分が得た答えをもとにいろいろな角度から検証して、その答えを正しく導いていくものです。

例を挙げると、自分に適したレメディ（フラワーエッセンス、天然石、アロマオイルなど）を選ぶとき、念のために友人にもダウジングしてもらうケースがあります。自分はAという結果を出した、しかし友人の結果はB、どちらが正しいのか迷ってしまいました……。じつはよくある話です。どちらかがダウジングの技能が著しく低かった場合は、そのどちらかが間違っています。二人とも技能が低ければ両方とも間違っていて、適したものはCかもしれません。また、AとBのレメディの両方が必要という場合もあります。

さらに自分がレメディを使ったとしたら、自分のヒーリング手法にはAが最適であり、Bのレメディはその友人が自分にヒーリングする場合に適しているということかもしれません。

ある目的地に向かって旅行するとします。移動手段は飛行機、電車、マイカーとあり、乗り物によってそのルートも変わります。ダウジングでひとつの目的を果たそうとするときに、同じような違いは出てきます。

また「自分がほしい答えを出しているだけでは」という人もいます。そう考える人は、自分が求める答えをつくっている可能性があります。自分でそう設定したならば、そのように潜在意識は動き出すからです。自分に都合の良い答えに誘導したとしても、何らかの意味があるのかもしれませんが、いつもそれではダウジングする意味はないといえるでしょう。ですから、より正確な答えを得るためにさまざまな手法を使っていきます。

大切なことは、対象と目的の設定（意図設定）を高めること、常にコンディションを整えること、複数の角度からダウジングを行い、結果の信憑性を高めていくことです。自分の中に疑いや迷いがあれば、結果はそれを反映して不確かなものになります。自分のダウジングを信頼することが大切です。とはいっても「いきなり信頼などできない」というのも理解できます。どうしたら信頼できるのかといえば、それはダウジングをやり続けることです。リアルな世界でリアルに起こった好転現象を味わうような経験を繰り返したとき、自分のダウジングを信じることができるようになります。

Lロッドがある場所では開き、ある場所では閉じ、ある場所では回転しました。何を意味しますか？

　Lロッドは面白いものです。この金属の棒がそばにあると、つい触りたくなることでしょう。そしてLロッドが動く様子を見たくなります。実際に持って動き回ると、ダウジング未経験者でも自然と動き出します。それだけ繊細なツールと言えます。Lロッドを握っている本人は何の意図も期待もないのに、勝手に動き出すわけです。もちろん、実際はサトルエネルギーの変化に反応して、本人の筋肉に反射が起きているのですが、それが微細で無意識なことゆえ、Lロッドが自分の力で動いているように感じてしまいます。

　また、次のような質問があります。

「チャートダウジングしていたら、チャートの上でペンデュラムが回転したり、あちこちに動き回ったりしました。なぜでしょうか？」

「私のペンデュラムはYESには右回転、NOには左回転に反応するのですが、先日ある質問をしたら、斜めに動きました。これは何を意味するのでしょうか？」

例えば石をサイコロのように投げ、その様子から占うリソマンシーや、獣の骨に傷を付けて火で焼き、亀裂の入り方で吉凶を判断する太占《ふとまに》があります。そのしるしを解釈するのが占い師の腕の見せ所といえるでしょう。

一方、Ｌロッドやペンデュラムがある動きを示した、その意味は何だろうと考えるのはもちろん学びの醍醐味でもありますが、じつはダウジングでは手順が真逆なのです。「どのようなときにどのような動きを示すのか」というルールを事前に決める、プログラミングというプロセスを最初にすべきだからです。何を探すのか、何を測定するのか、対象と目的を決めてからダウジングします。これが基本であり、プログラミングしていないから、前述のような意味不明な動きが起こることになります。

しかしながら、ツールのサインを明確に決め、ダウジングする対象や目的を明確化しているにも関わらず、まったく想定範囲外の動きを示すことがあります。この誤作動のことをイディオットと呼びますが、その原因を探っていくことも大切なプロセスになります。例えば、プログラミングが不完全である、関連性のないエネルギー（ノイズ）に反応している、質問や意図に矛盾か不適切さがある、あるいは自分自身のコンディションが良くないという可能性もあり得ます。

意図設定をしないでダウジングすると、どうなりますか？

私がダウジングを教える際に重点を置くのは、しっかり対象と目的の設定をすることです。そうしないとツールが反応しても、自分が何かに反応しても、それが何なのかわからないからです。例えば飛行機に乗るとき、ロンドンへ行くためにチケットを買って空港に向かってヒースロー行きの便に搭乗するわけですが、意図設定しないということは、どこへ向かうかすら決めず、どこへ行くかもわからない飛行機に乗り込むようなものだからです。

余談になりますが、世界で最も死者を出した山をご存知でしょうか。それはエベレストでもＫ２でもなく、群馬県にある２千メートル足らずの谷川岳です。統計の始まった１９３１年からギネスに認定された２００５年までに７８１名もの死者が出ています。これはエベレストを含む８千メートル峰14山の死者の合計よりも多い数です。事故死が多かった時代は、山の情報が得難かったにもかかわらず東京からのアクセスが良いため、多くのクライマーが谷川岳へ向かいました。そのため、能力不足のクライマーが難易度の高い岸壁に誤ってつながってしまったわけです。意図設定の大切さを示す話だと思います。

ただ、状況によっては意図設定を行わないダウジングもあります。ダウジング仲間たちと旅に出ると、安全なところにある丘や聖地をＬロッドが示すまま、気分の赴くままに歩き、気に入った場所にたたずみ、エネルギー交流をします。「私が行くべき場所を示してください」とＬロッドに依頼して、示すままに動く。Ｌロッドがクロスしたら、その場に立ち止まってみる、Ｌロッドが開いたら門が開いたと解釈して歩みを進める、このようなことをフランス人のダウザーたちは聖地で行っていました。ダウジングの基本を踏まえつつ、あえて目的や対象を決めず、Ｌロッドが示すままに歩いてみるのも一興です。ただ、何も考えず動くといっても、じつはしっかりと何を探すのか決まっています。それはシンプルに言えば「調和」と「幸福」です。

アリはただひたすら歩き回り、偶然ぶつかることで新しい餌を見つけるそうです。アリには視覚がほとんどなく、わずかな嗅覚だけで餌かどうかを識別しています。長い人生においては、アリのような幸せの見つけ方も必要です。何を探したいか、それはどこにあるかと決めて動くと、どうしても狭い世界だけで探すことになるからです。ときには自由に歩いてみる、大切なものに偶然ぶつかって人生が変わる楽しみを味わうのもよいのではないでしょうか。

ダウジングのプログラミングは、毎回行う必要がありますか？

ウォルト・ウッズ（アメリカダウザー協会の元会長／ダウジング入門書『ロビンへの手紙』著者）は「一度プログラミングをしたら、もう必要はない」というコメントを残しています。その際「このプログラミングは、私が修正や変更をしない限り永久に有効です」と潜在意識に刷り込んでいるわけですが、実際はダウジングを続ける中で、定期的に修正や変更を行って整備しています。

一方、スーザン・コリンズ（カナダダウザー協会の元会長／『ダウジング・プロトコル』著者）は、プログラミングは「毎日する必要がある」と言います。この二人のダウザーは真逆のことを言っているようですが、私はこう考えます。

ダウジングを始めたばかりの人は少し面倒ですが、毎回プログラミングする方がよいでしょう。そしてダウジングに慣れてきたら、あるいは数カ月に一度程度、プログラミングをやり直すとよいでしょう。車の車検のように一定期間すぎたら整備点検をするイメージです。基本的には、そのプログラミングが有効に機能しているのなら、繰り返す必要はないと考えます。ただし、何らかの問題があるか、修正するのが適切と思うときは改めてプログラミングするとよいでしょう。

ペンデュラムを机の上に置き、軽くポンッと先端を叩いてから始める人もいれば、一度、大きく深呼吸してから始める人もいます。Lロッドであれば、ポンポンとロッドの先端を叩くというルーティーンを欠かさないダウザーもいます。独自の言葉を発して自分なりにチェックしてから始めるプロセスを**ダウジング・プロトコル**といいます。自分に合った文章を考えてみてください。例えば、次のようなものです。

「私は、調和的な目的のためにダウジングを行います。けっして無益なエネルギーとつながることがなく、有益なエネルギーのみにつながります」

ペンデュラムを使ってエネルギーとの接続を行い、終わった後に切断をする方法もあります。「～に接続する」という意識を持ってペンデュラムを右回転させ、接続されたときに停止します。「～から切断します」という意識を持ってペンデュラムを左回転↓切断されたとき、ペンデュラムの動きが止まるという方法です。そして忘れてはいけないのは最後に「これでダウジングを終了します」と口にして、エネルギーとのつながりを完全に切断することです。

〝邪気受け〟しないためには、どうしたらよいですか？

この質問をする人の多くは医師、セラピスト、カウンセラーです。これらの職種の人たちは心体の不調を訴えるクライアントと日々接しており、簡単な浄化では解決しないのです。

ダウジングには、有益で必要なもの（水脈や鉱物など）を探す目的で進化してきた歴史があります。もちろん有益かつ必要なものゆえ、そのエネルギーの影響を受けても何ら問題はありませんでした。それが昨今では活用分野が広がり、例えば土地の問題の原因を探すためにダウジングすると、当然マイナスのエネルギーを探すことになります。その場合、浄化や邪気除けが必要ですが、エネルギーの良い場所もあれば、マイナスのエネルギーが強い場所もあり（ホットスポットとも呼ばれています）、あちこち動きながらダウジングすることになるのが常です。そのため、最後に良いエネルギーを確認し、自身と共鳴させて終わるというプロセスを欠かしません。

ちなみに、猫はジオパシックストレス（害のあるエネルギーを発する）がある場所に居ることを好むと言われますが、居る時間は長いものの、いろいろなエネルギーの場所を動き回りつつ、自己エネルギーを適正化しています。

もちろん、最も問題があるのは、人の治療やヒーリングをしている施術者です。治療院やサロンなどいつも同じ場所でクライアントを迎え入れ、しかも毎日、次から次へと体調が悪く心も沈んでいる人が来るわけです。

名治療家といわれる人ほど瞬時にエネルギーにつながる能力があり、つなげてそのエネルギーを変換することで治療やヒーリングができるわけですが、どこにつながるのか、何をするのか、この点を明確にすることが邪気除けになります。対象と目的の設定をして「ヒーリングを始めます」「終わります」という具合にしっかり口に出すことで、エネルギーをつなげることと切断することを明確にするわけです。

ペンデュラムの動きと合わせてそのプロセスを行うのも良い方法でしょう。縦揺れのニュートラルスイングから始めて「～につながります」と言って右回転、つながったらニュートラルになり、終えるときは左回転させながら「エネルギーのつながりを切断します」と言います。切断が完了したら、縦揺れのニュートラルになります。

ウシガエルは、動いているものしか見えないそうです。そして目の前に動いているものがあると、何でも飲み込んで食べてしまいます。食べられないものなら吐き出しますが、小魚、小鳥、ネズミ、サソリ、ヘビ、カエルまで見もしないで飲み込むわけです。施術者は、ウシガエルのように何かもわからず即座にエネルギーとつながるわけにはいかないのです。どのエネルギーとつながるかを見極め、しっかりとチューニングしてそれだけにつながる、そして用事が済んだら切断する。観たいテレビ番組にチャンネルを合わせて観終わったらテレビの電源を切ることと同じです。いろいろな浄化グッズを使う前に、このエネルギーの接続と切断のプロトコルをやってみてください。

では、特に強い邪気を受けたときはどうするのがよいでしょうか。どんなグッズよりも最初にお勧めしているのは、最もエネルギーを発している太陽です。陽の光を浴びながら歩くことは、浄化とエネルギー適正化に非常に高い効果があります。

邪気とは何か？ より良い対処法は？

昔のダウジングでは邪気についての知識が浸透していなかったため、難病治療、特に癌の治療に特化したあるダウザーは、最後に癌だらけになって亡くなったという記録が残っていますが、死ぬ間際、弟子たちに施術後の浄化の重要性を申し伝えたと言われています。

さて、そもそも邪気とは何でしょうか。辞書を引くと「人の身体に病気を起こすと信じられた悪い気」とあります。人に害を及ぼす性質を持つ気（サトルエネルギー）と言えます。私は海外でダウジングを学びましたが、英語で邪気は「harmful energy」や「detrimental energy」（有害なエネルギー）という言い方をするものの、カナダのダウザーであるスーザン・コリンズは「non-beneficial energy」（不利益なエネルギー）というワードを使います。これは〝害のある〟というネガティブな表現に対する意識のつながりを避けるためです。言葉にするほど意識に刷り込まれ、刷り込まれたものは同種のものと共振・共鳴して引き付けていくため、あえて〝害のある〟という表現を使わないわけです。

ダウジングするとき、ヒーリングするとき、もちろん邪気の影響を受けたくないわけですから、ダウザーは主に次のような対策をしていきます。まず自分自身のコンディションを整える、必要があれば自分のエネルギーバランシングを先にする、何らかのエネルギープロテクションになるようなディバイスを身に付けるのもよいでしょう。ダウザーがツールを使う理由には邪気対策もあります。ダウザーがエネルギーと直接コネクトせずにツールを介すること、つまり探知方法にそのシステムを使うことで邪気受けを防いでいるのです。

何らかの存在とつながり、その声を聞く方法はありますか？

何らかの存在とつながってその声を聞くことは、チャネリングという方法に近いと思います。歴史上の偉人の声を聞く、大いなる宇宙の意志から聞く、スピリチュアルガイドの声を聞く、アカシックレコードにつながって情報を得る。三次元を超えた神や天使、ガイドからのメッセージを聞き、自分の人生の質を高めるために役立てようとするものでしょう。

エネルギーの共振・共鳴の原理に基づいて考えると、高次の存在とチャネリングするならば、自分自身も同種のエネルギーを放つ必要性があります。そしてダウジングの観点から言えば、自分がつながろうと思うものにつながることがとても重要です。例えば友人に電話しようとしたのに番号を間違えて違う人につながってはいけないわけです。間違い電話をしてしまったら相手の声や反応ですぐに気づきますが、チャネリングというスピリチュアルなつながりの場合は、実体がないものが相手ゆえに、誤ったものとつながっていたとしてもその対話を真実だと思ってしまうことがあります（特殊な存在が身分を偽って対話してくることもあるかもしれません）。そこで、ダウジングのプログラム・ルーティンを組んでつながりたい対象とのアクセスを確実にすること、場合によっては確認作業も大切でしょう。さらに、自分の人生の選択は自分がするものという前提があり、正当な存在とつながっているなら、自分の人生の学びと成長の機会を失うようなことはしてこないはずです。

もちろん、何らかの高次の存在やスピリチュアルガイドとつながることは素晴らしいことです。その際には今、その存在とつながることが適正かどうかをダウジングして、確かめてからつながるようにしてください。つながった場合は何らかのメッセージがあるでしょうから、感謝してそれを受け取り、もしつながることができなかったのなら、今は適当なタイミングではないと理解し、潔く諦めることも大切でしょう。

ただ、そもそも何らかの存在のメッセージをあえて聞かなくても、十分役に立つメソッドはたくさんあると思います。ダウジングはエネルギー的に何かにつながって、それを探知・分析して役に立てるもので、エネルギーの変換という調和の技術を使っていきます。自分自身を変える、場のエネルギーを変える、物のエネルギーの質を変えるというようなことです。自分にとって適切なエネルギーにつながり、自分をより良く変換させていく、この意味であれば、ダウジングの技術を積み上げることでチャネリング能力が増していくでしょう。

ダウザーの手には、何らかの力が宿っているのですか？

日本には「手当て」という言葉があるように、日本人のスピリチュアルワークや癒しは感覚から成り立っているように思います。感覚の具体的表現としても、ツールとしても手の感覚を使うのです。

欧米のダウザーも手を使うことはありますが、面白いことに日本人はイメージ感覚から始まってツールを取り入れていき、欧米のダウザーはツールを使って高めてから最終ゴールとして手やイメージ感覚を使う傾向があります。順番が真逆なのがとても興味深いですね。海外では多くの民族が混在しているため、明確な言葉やコミュニケーション方法を使うものですが、日本は村社会で〝空気を読む〟を多用してきました。障子越しに人の気配を感じながら生活し、ノックするドアもありません。そういった影響があると思います。

私の友人のセラピストの話ですが、日本人である彼女はイギリスで仕事をしていると、指感覚の繊細さが評価されることが多いと言っていました。クライアントの微細な状態を手で読み取り、施術に反映させる能力があるのでしょう。もちろんヒーラーだけでなく、誰でも皮膚感覚を使っています。例えばお店に行って何かを買おうとするとき、見ればわかる物でも、あえて商品を手で触れて認識を高めるものです。

さてダウジングでは、手でペンデュラムやロッドを持ちます。ダウザーの手は対象（ターゲット）に触り、何メートルか離れた場所に対象があれば指を差します。これは意識をつなぐためで、お店の商品に触れることと同じです。

ダウジングの上級者は、さらに手の使い方が変化します。Ｌロッドを右手で持ち、左の掌を広げて対象物のエネルギーを感じながらダウジングしていきます。人に対するヒーリングでは、クライアントのオーラやチャクラを左手で触れながら右手でダウジングします。

さらにＬロッドの金属棒２本をそれぞれの手で持ちつつも、同様に掌でも対象のエネルギーを感覚的に受け取っていく方法があります。このようなＬロッドダウジングでは、銅の無垢材で作られたスペーサーのないＬロッドが好まれます（直接Ｌロッドの金属棒を握ります）。掌の感覚を広げるアンテナのような使い方になるわけです。慣れていくと、エネルギーを身体のすべての部分で感じながらダウジングできるようになるでしょう。

手とは、エネルギーを受け取る受信器

自分の左手の上にペンデュラムをかざしてダウジングする人を見たことはあるでしょうか。そのダウザーは左の掌《てのひら》でペンデュラムの動きとエネルギーの反応を感じようとしています。ただそのやり方だと左の掌にフォーカスしすぎてその意識にエネルギーが呼応してしまう可能性もあります。もちろん、淡々と感じるためなら良い方法です。

ダウザーに限らず、誰の手であってもダイナミックにエネルギーを受け取り、放っています。お見合いで結婚が決まった男女が手を握ったら、破談になってしまったというケースを知っていますが、手に触れて相手の人格をダイナミックに感じたゆえでしょう。

人は死ぬ間際にお金や名誉を求めず、「手を握ってほしい」と言います。手とはそういうものなのです。ですから、熟練のダウザーたちは手の感覚を大切にしています。

「それなら、手を使えばダウジングのツールはいらないのでは？」

そうとも言えます。でも、繰り返しになりますが、ツールを使う理由はもちろんちゃんとあります。初心者は効果を高めるためにツールを使うケースが多いでしょうが、上級者になるほど害のあるエネルギーと関わるケースが増えるため、ツールを介することで、自身を守

ることができますし、一定のエネルギーを放つツールを使うことで、自分自身の受信器の調整や能力アップもできます。

エナジーペンデュラムのエネルギーは、右手で持って左の掌の上にかざして右回転させてみると誰にでもわかるものです。暖かみ、チリチリする感じ、ぼわっとする、熱い、いろいろな感覚があるかと思います。視覚的にエネルギーを見る方法もありますが、手の感覚はどの人にも比較的平等にあり、繊細に感じやすく、また視覚情報と違って情報を歪める危険が非常に少ないものです。掌でも感じにくい場合は、掌をこすり合わせる、ペンデュラムではなく左の掌の上に右手の人差し指を向けて動かしてエネルギーを感じてみる、そのうえでやってみてください。

エネルギーをあまり感じない人でもヒーリングはできますが、感じながらの方が便利で優位性があるので、掌で感じる練習を重ねるとよいと思います。このエネルギーを感じる練習は、良いエネルギーを感じることに終始してください。感じやすいものと共鳴しやすくなるからです。良いエネルギーと共振・共鳴しやすい身体になっておけば、自然とその共鳴をクライアントにも与えられ、良い癒しを行える体質ができあがるでしょう。

ダウザーがよく
山へ行くのはなぜですか？

イギリスでもフランスでも、現地のダウザーたちは私を山や丘、いわゆる聖地に連れていき、共にダウジングを行いました。当時の私は不具合を抱えた人へのヒーリング、悪い場所をいかに良くするかに強い興味があり、そのノウハウを学びたいのに、山や丘のエネルギーの高い場所のエネルギーにつながり、教会やストーンサークルに行く、そしてダウジングでそのエネルギーを測定する、その繰り返しに歯がゆさすら感じたほどでした。

どのダウザーも、自分のやり方で自由にダウジングをします。その場所のエネルギー構造を図面化する人もいれば、自分にとって必要な場所を見つけることに集中している人もいます。カード型のチャートを次々と出して何かを調べる人もいれば、ただエネルギーとつながってボーッとしている人もいます。誰も何かを教えようとしてこないし、誰も私のやることをジャッジしません。褒めもしなければ批判もしないのです。

ちょっと自然のある場所を歩いて周りを見回してみてください。私たちが決して創ることができない美しい木々や草花、昆虫や動物で満たされ、すべてが調和し合って生きています。あえて宇宙の彼方や霊界や別次元に何かを探さなくても、神秘に満たされています。山、川、海、自然の中には美と調和が溢れています。それでも私たちは、害のあるエネルギーに対して元々敏感なゆえに、ストレスが多い社会環境で〝感じる回路〟を遮断してなんとかやり過ごしている、と言えます。

有益で清らかなエネルギーが身近に少ないと、私たちの回路は鈍っていくので、どうするべきかわからず、ヒーリングもダウジングによるエネルギーバランスもできません。エネルギーの高い場所に行き、自身の受信回路を整える、高めることがとても大切です。実際にダウジングやヒーリングでは、問題のある悪いエネルギーを探知・分析して正すことをするわけですが、ダウザーのトレーニング方法はその真逆でもあるのです。

もちろん、山に向かうだけではありません。ヨガ講師であるレイニーという友人がいます。私のセッションを受けてくれたことから知り合ったのですが、彼女に誘われてインド南東部ポンディシェリから車で半日ほど行った奥深い山のアシュラムに滞在したことがあります。

夜明けとともに起床し、寒いのに水で身体を清め、焚き火を囲んでひたすらお祈りをする。そんな毎日を過ごしていたら、現地の言語を知らなくてもさまざまな祈り（マントラ）を一緒に唱えることができるようになります。山深い場所で静かに過ごしているので心は安らかですし、争いも競争もありません。淡々と生活し、祈るだけの生活です。現地では、10年以上も会話をしないという無言の行を続ける人もいました。話さないだけでなく、俗世とも触れないためか、35歳くらいだろう青年の眼は子どものように澄んでいました。

アシュラムを去るとき、ある修行者にこう言われました。

「この山にいれば、心は清らかで安らかでしょう。そういう場所だからです。あなたは今から街に戻ります。そうしたらまた荒れた気持ちになるのでしょうか。どこにいても同じ気持ちを持つことが次の修業です」

この言葉は忘れることができず、自分の方法論にも強く影響を及ぼしました。

5章 ダウジングツールQ&A

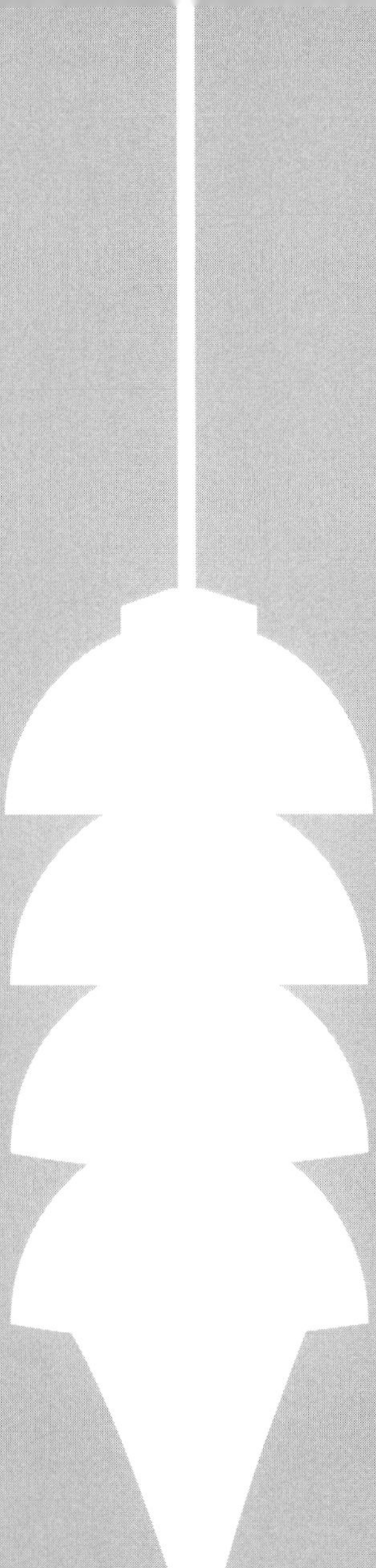

ツールを使う合理的な理由
ダウジングツールの役割

長年ダウジングをやっていると「道具はいらないよ」とおっしゃる人と出会うことがあります。自身の意識を使って特定の波動と共鳴してチャネリングできるから、道具は一切いらないというのです。もちろん、それで問題がなければよいと思います。

ただ、ダウザーの考え方は合理的です。意識をピュアにすること、フォーカス力を高めることもしますが、ご承知の通り人間から完全に雑念を取り除くことは困難であり、ちょっとしたきっかけで感情は揺らぎ、不安定になります。それが自身に関わるサトルエネルギーにすぐさま影響を及ぼし、ノイズを拾ってしまって誤動作を起こす原因となります。それならば、一定の探知用信号を出してくれるツールを使う方がより効率的で正確性が増すということになります。

改めて整理しておくと、ダウジングツールには次の３つの役割があります。

ダウジングツールの役割①ディテクター（探知器）として

ディテクターとは、何かを探してその存在を知るためのツールです。例えば、空港で飛行機に乗る前に保安検査を通りますが、そのときに使われる金属探知器は電磁誘導を利用し、磁場の強さや位相の変化量を測定することにより、金属導体の存在やその大小を探知します。同じように魚群探知器は水中へ超音波を発射し、その反射波をとらえることで、魚の群れの存在や水深、分布状況、海底の様子などを知るという原理です。

ダウジングにおけるディテクター（探知器）では、サトルエネルギーの共振・共鳴の原理を使います。探すものと同じ種類のサトルエネルギーを放てば対象との響き合いが起こるため、その動きをペンデュラムに反映させているわけです。したがってディテクターは、ターゲットとなる対象と同じ種類のエネルギーを放つもの、あるいは同じエネルギーを放つように設定したものを使いますが、その際、放射量が少ないツールを使うのが通例です。

ベリザルとシャメリーは、ディテクターを使って古代エジプトの神秘形状を調査しました。彼らのラディエスセシアの研究はそのディテクターによるエネルギーの識別から始まっています。その際、放射エネルギー量が多いと、肝心なターゲットが本来放っているエネルギーを変質・変異させ、探知を不確かなものにしてしまう可能性があるわけです。逆に目的のターゲットに対してそのエネルギーの変質化を行うことは、ダウジングヒーリングという範疇となります。

ダウジングツールの役割②エミッター（放射器）として

エネルギーを放つという点ではディテクターと同じですが、エミッターはシンプルに強いエネルギーを放射するツールのことで、その量はまったく違います。ディテクターは探すことが目的でしたが、エミッター（放射器）は文字通りエネルギーを放射することに意味があり、対象が何らかの変異を起こすことを目的とします。

エネルギーエミッターとしては、農業用のフィールドブロードキャスターというものがあります。円柱状になっており、その器具からエネルギーを放射し、土壌を良くして作物の育ちを促すというものです。害虫がつかないようにするというブロードキャスターもあり、さらにはそのプロセスを遠隔で行うものまであります。

クラシック音楽をかけると草花が良く育つという話も、同じ原理と言えます。大正時代からタマゴボーロという有名なお菓子を製造する竹田製菓では、保育園児50人による「ありがとう」の声を製造工程から出荷まで100万回以上、全商品に聞かせています。このような話を聞くと、おとぎ話かと思うことでしょうが、その会社では言霊が製品に良いエネルギー影響を及ぼすと考えているわけです。

実生活でも無意識下の思考や思考の癖が知らないうちにエネルギーを放ち、自分の環境や自分自身に影響を及ぼすことが少なからずあります。この観点からも良い意識と良いエネルギーを放って生きていくことは、とても大切でしょう。

ダウジングでは、クライアントに届ける特定のレメディ（天然石、アロマなど）にエネルギーを放射したり、食べ物や場所に対しても強いエネルギーを浴びせてその質を変えていきます。

水にエネルギーを与えると、途端にその味が変わるということは、誰でも実感できると思います。水はエネルギーを記憶しやすいので、フラワーエッセンスのセラピーではエナジャイズした水を体内に取り入れることでクライアントのエネルギーを変えるということを積極的に行います。人に対して適切なエネルギーをエミット（放射）していくことは、エネルギーヒーリングの基本的なテクニックです。

ダウジングツールの役割③ハーモナイザー（調整器）として

一定のエネルギーを放射するという点ではエミッターと同じですが、そのエネルギーの質は異なり、万物にとって調和をもたらすものを扱うのがハーモナイザーです。言葉通り、調和を生むというはっきりとした目的があり、害のあるものを取り除く、弱くするなどのアプローチも含まれます。外科手術でいえばメスを使って腫瘍を除去するような方法を取ることもあります。良いものを増やし、悪いものを減らすというところまで扱うので、ヒーリングといってもよいでしょう。

シューマンレゾナンス（地球が常に発している7・83Hzの周波数）を放つジェネレーターも、ハーモナイザーのひとつです。

ダウジング分野でのハーモナイザーの代表格は、イシスペンデュラムです。常に万物にバランス・調整・調和をつくるエネルギーを出し続けており、害のあるエネルギーをリリースし、有益なエネルギーをエナジャイズするものです。

イシスペンデュラム

カルナック、オシリスと並び、エジプシャンエナジーペンデュラム三大機種のひとつ。いちばんの特長は、エネルギーバランスを行うヒーリング効果。

3つの役割を使い分ける

アトランティスペンデュラム（172ページ）はエミッター型であり、ゴールドのエネルギーを放射していきます。ゴールドが調和的で繁栄的な環境をつくり、その雰囲気が結果的に強いプロテクションを生んでいきます。

ウィットネス型のペンデュラム（チャンバールームがあるマーメットペンデュラムなど）は、どうでしょうか。ウィットネス（エネルギーの目印）は少量のエネルギーを放つので、そのエネルギーとの共鳴でつながっていくため、探知を目的とするディテクターとなります。ただ同じ状況でも、その微細なウィットネスのエネルギーを使ってダウザーがエネルギー調整やヒーリングを行う場合は、ハーモナイザーになります。

また、ダウザーが右回転させながらエネルギー放射する場合は（63ページ参照。往々にして人に対してよりも場所にすることが多い）、エミッターとなります。

このように、同じペンデュラムでもダウザーの使い方でディテクター、エミッター、ハーモナイザーと役割が変化していきます。ダウジングの現場ではしなやかに、型にはまらず状況に合わせて使い分けていきます。その調整力もダウザーの腕の見せ所というわけです。

どのツールを選べばよいですか？どのペンデュラムを選べばよいですか？

ダウジングといえば振り子（ペンデュラム）のイメージが強いのですが、もちろん他にもさまざまなツールがあり、ペンデュラムに加えてＬロッド、Ｖロッド、ボバーの４つが基本となります。応用的なものとして、キャメロンオーラーメーター（214ページ）、レカーアンテナ（119ページ）、ラディオニックペンデュラム（117ページ）などがあります。自分の目的に合ったツールを選ぶのがベストですが、まずはペンデュラムとＬロッドを揃えて取り組むのがよいと思います。

ペンデュラムはＹＥＳ／ＮＯクエスチョンやチャートダウジングなど狭い範囲のワークに向いていますが、広い空間でのダウジング、例えばエネルギーラインを見ることには向いていません。広い空間への基礎能力は、Ｌロッドで培っていくことになります。そもそもダウジングはこのロッドが起源であり、Ｌロッドでダウジングしていくと、身体の全体的な感覚が養われていくので、能力が高まっていきます。

ペンデュラムの種類と特性

では、どのペンデュラムを選べばよいのでしょうか。さまざまな素材で無数の機種がありますが、おおまかに次の3つに分類できます。

▼天然石のペンデュラム

振り子として機能すればYES／NOクエスチョンなどの選択にも使えますが、クリスタルヒーリングの延長線上で使用するものと考えればよいでしょう。エネルギーを記憶する天然石の性質を利用して、自分が行うダウジングワークの意図をペンデュラム自体に設定することもできます。

▼センシング型ペンデュラム

コニカルペンデュラム、ラウンドコニカルペンデュラムなど、シンプルに測定するためのニュートラルな機種です。エネルギー的に中立な真鍮製のものがほとんどです。動かしやすく、ポイントが明確なので、長きに渡って最も使われています。

▼機能性ペンデュラム

自ら放つ固有のエネルギーで機能を持たせています。イシス、カルナック、オシリスが基本3機種です。現代も新たな機種が研究開発されており、機能を複合させたものが出てきています。新たな機種として、H3イシスペンデュラムがあります。エジプト神秘形状のジェドピラー構造（安定・バランス・強化のエネルギーを放つ）を採用した機種で、自発的に安定やバランスをつくるので、特にヒーリングに使われています。形状エネルギーを利用する機能性ペンデュラムは、サイズが大きいほどエネルギーも大きくなります。ただし、重さの分だけ扱いづらくなるので、心地よく使用できるサイズを選ぶとよいでしょう。

クリスタルヒーラーが金属製のペンデュラムを使っていたわけ

そもそも私のダウジングとの出会いは、イギリス人のあるクリスタルヒーラーがきっかけでした。ワークショップを受講した際、そのヒーラーが、クリスタルではなく独特の形状の真鍮製ペンデュラムを使っていたので、思わず「それは何ですか?」と尋ねていました。それがイシスペンデュラムでした。現在でこそ私も相棒のように使っている機種ですが、その神秘的な形や質感のみならず、振り子としての反応が抜群に優れており、私はすぐにこの機種のスペシャリストに会うためにイギリスに飛んだほどでした。

クリスタルヒーラーが天然石のペンデュラムではなく、金属製のペンデュラムを使っているのは一見、違和感がありますが、少し考えるとその合理性がわかります。石はさまざまなエネルギーを記憶するため、天然石のペンデュラムは頻繁に浄化しなければ安定して使用できませんが、イシスペンデュラムは自浄効果があって浄化が不要です。そのクリスタルヒーラーが頻繁に使っていたのは、7色のカラーエネルギーでした。天然石のエネルギーの揺らぎを上手に使いつつ、7色のカラーで示される7つのエネルギーを安定や増強のために使っていました。もちろん、実際にその色の可視光が放射されるわけではなく、各カラーに共鳴する種類のサトルエネルギーを使うという仕組みです。

天然石ペンデュラムは浄化が必要で、金属製ペンデュラムは浄化が不要ですか？

金属という素材も天然石と同じでエネルギーを記憶しますが、その構造によって自浄効果があるタイプのエナジーペンデュラム（例えばイシスペンデュラム）は、浄化が不要です。ちなみにオシリスペンデュラム、カルナックペンデュラムは銀紙に包む、あるいはイシスペンデュラムと一緒に置くことで、安全に保管できます。

天然石ペンデュラムは定期的にエネルギー状態を調べて、必要ならば浄化を行います。イシスペンデュラムを右回転させ、エネルギーバランシングして浄化する方法があります。

「金属製ペンデュラムと天然石ペンデュラム、どちらを使ったらよいでしょうか？」

という質問もいただきますが、それぞれの特性を踏まえて使い分けます。天然石は不純物を含み、エネルギーが混在しているので、自分の石にはどんな個性があり、どう作用するかを知ってから使うのがベストです。また、高いエネルギーを常に帯びる使い方をしていれば、そのエネルギーを蓄積させていく、いわば〝石を育てる〟使い方も有効です。

アンク／アトランティスクロスは、どのように使いますか？

エジプトの博物館に行くと、じつにさまざまな形状のアンク（92ページ）を見ることができます。古代エジプトの貴族たちが二本足だったアトランティスクロス（93ページ）を一本足のアンクに変えてしまった経緯が絵文字や遺跡の装飾に残されており、アンクが時の権力者が利用したほど強力なエネルギーを放つものだったと伺い知れます。

現代の私たちが扱えるものは、復刻されたアトランティスクロスです。小さいサイズのものは守護符として身に付けたり、カバンの中に入れたりしてエネルギーのバランスを図ります。床に置けば、ネガティブなサイキックエネルギーからのプロテクション効果があります。壁に吊してエネルギーを部屋全体に放つこともできます（極性があるため、どちらを表にして使うかは、ダウジングでチェックします）。さらに、ヒーリングワンドやペンデュラムとして使うこともできます。中指と親指で持てば、その輪はアトランティスクロスの輪と合わさり、永遠のシンボルである八の字をつくります。

形状エネルギーを放射するペンデュラムは、何もしなくても効果がありますか？

エナジーペンデュラムは「一定の幾何学形状が一定のエネルギーを放つ」という法則に基づいているので、たしかに何もしなくてもエネルギーを放ち、一定の効果があります。実際に良いエネルギーを放つディバイスを身に付けたら、そのエネルギーに共鳴して自分の心身をより良くすることができます。こんな言い方をすると特殊なものに聞こえるかもしれませんが、家紋や企業ロゴなどのシンボルも一定のエネルギー効果を出すものです。建築物、宗教、風水、ヒーリング、運気向上、さまざまな分野で利用されています。フラワーオブライフ、黄金律、フィボナッチ数列も同類といってよいでしょう。形状が受信器のように特定のエネルギーと共振・共鳴し、エネルギーをつくり出しているとも言えます。これは形状が本質的に持つ固有のエネルギーです。

あるセミナーで、日本人にはあまり馴染みのないシンボルのエネルギーを測定し、後にそのシンボルの歴史や意味を伝えてから改めて測定したことがあります。結果は、大きく変わりました。シンボルに対する理解が深まると、自分の意識エネルギーが働いてエネルギーが変わったと考えられます。

あるシンボルを予備知識がないまま見たとき、自分が見たことがある似たもののイメージと重ね合わせ、意識エネルギーをそこに介在させることもあります。例えば十字架を見たら、墓地を連想する人、神聖な教会を連想する人、あるいは単にクロスと思う人、さまざまでしょう。私たち日本人は「卍」のシンボルからお寺を連想しますが、海外ではナチスを連想して悪いイメージを持つ人も少なくないようです。同じシンボルや図形でも人によってエネルギーが異なってしまう例は多々あります。

さらに多くの人が使っている形状は、集団による意識エネルギーによって効果が増すと考えられています。集合意識が働くと表現する人もいます。仕事でもスポーツでも良い環境に身を置けば、向上するチャンスが多いのと同じです。

このように形状エネルギーは、その人が持つイメージや意図、文化風習や歴史的背景によって、ある程度の影響を受けます。そして、形状エネルギーを使う際にダウジングの手法としてのエナジャイズ、あるいは特定の対象に特定の作用をするプログラミングでより効果を引き出せます。

複合型のペンデュラムの方が優れていますか？

形状を複合させた機種をコンビネーションペンデュラムと呼びます。ルーツをたどると、古代エジプトでも神秘幾何学形状を複数組み合わせて使っていましたし、ダウジングの世界でもその傾向が強く見受けられます。

コンビネーションペンデュラムによく使われる形状は、**ジェドピラー**とネガティブグリーン（100ページ）をつくる半円球形状の**ヘミスフィア**（代表的な機種はオシリスペンデュラム）です。例えるならば、ブレンドコーヒーです。甘味、苦味、うまみ、酸味、香りなど一種類の豆では出せない味を組み合わせ、ひとつの味をつくっています。

ダウジングの場合、その目的は高いヒーリング効果です。本来、エネルギーを感じ分け、メンタルコマンドで特定のエネルギーを使うといったエネルギーのバリスタのようなことができれば必要ないのですが、初心者なら特にオールインワンのコンビネーションペンデュラムはとても良い選択肢です。たくさんの形状が組み合わされたペンデュラムを使っていくと、だんだん各種の細かいエネルギーがわかってくるものです。

そもそもメジャーな機種も、じつは複合型です。イシスペンデュラムは球、アンク、ジェドピラーが複合されている絶妙な機種です。カルナックペンデュラムは、ネガティブグリーンのキャリッジウェーブのみを有効に使うという意味で、ヘミスフィアのコレクション形状が使われています。昔から世界中でこの2種が多く使われているのには、こうした絶妙な設計があるからです（ちなみにオシリスペンデュラムは半円球が連結されていますが、単独形状になります）。

複合型のペンデュラムにはさまざまな機種があり、見た目がすごそうなので上級者用と勘違いされるのですが、実際はむしろその逆で、複合された形状エネルギーを利用することで、ダウザーの能力に左右されず、目的に従ったエネルギーが安全に放射できます。

もちろん上級者が使えば、その結果をさらに高く引き上げることができるのは言うまでもありません。

円盤状に連なるセルによってエネルギーを共鳴・増幅させるだけでなく、このセルの枚数が特定のエネルギーをつくります。

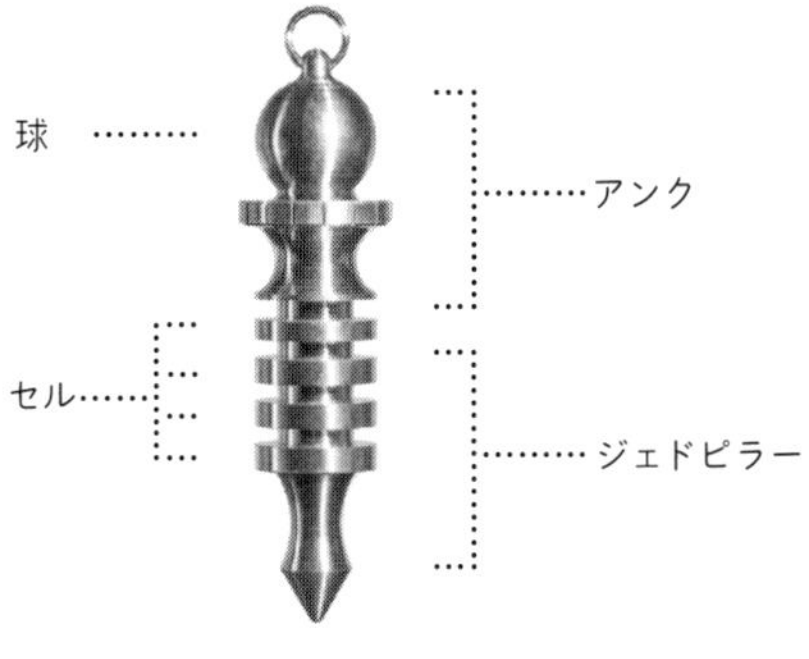

ヒーラーが持つべきペンデュラムはありますか？

ヒーリングを行っていくと、複数の形状の効果を組み合わせてセッションする必要性が出てくることでしょう。組み合わせや比率を自在に調整することで、クライアントに最適なエネルギーをつくるわけです。ちなみにカレーのスパイスを組み合わせる場合は、香り・辛味・色と分けるそうですが、ダウジングの場合はイシス、オシリス、カルナックを基本3機種にして、ダウジングヒーリングを構成していくのが常です。

前述のように絶対的に安定した効果を出すイシスペンデュラムは、外せない第一選択肢です。さらに、探知に最適なカルナックペンデュラムも使われ続けています。そして、高度なダウジングに活用されてきたオシリスペンデュラムはネガティブグリーン、いわゆるピラミッドパワーを放射でき、近代では一部のダウザーによって難度の高い病の治療に使われてきた足跡があります。ピラミッドパワーゆえに古代エジプトでは封印されてきた歴史がありますが、ネガティブグリーンの秘密は、もはや一般開放されるときが来たと思います。

そして、ラディエスセシアという新しい手法を踏まえた現在、この基本3機種からさらに進化していくべきでしょう。前述のようにメンタルダウジングとラディエスセシアを分離して研究してきた歴史がありますが、今後はこの2つの流派の融合が未来のダウジングの大きな発展となりますし、その真ん中にあるのが、これから紹介する新たな機種です。

日本では天然石ディーラーが天然石ペンデュラムを市場に出し、神秘的な占いの技法として打ち出したことで昨今の普及があります。誰もが手首に石のビーズをつけるパワーストーンブームが落ち着いた現段階では、本来のダウジングのスタイルに向かう良いタイミングでもあります。

このような状況において、私も新たなペンデュラムを開発しています。欧米のプロダウザーたちと共にダウジングする機会に恵まれ、意見交換をしてきたことで、多くの手法を客観的にとらえる考え方が身に付きました。そういった背景で検証を重ねて開発したエナジーペンデュラムを紹介していきます。

ジェドピラーペンデュラム　意識エネルギーの最大効率化

前述の通り、ジェドピラーは古代エジプトの遺跡に最も多く残されている神秘幾何学形状で、安定・強化を司り、ペンダントとして胸につけても効果的です。ダウジングするときは、ダウザーの意識エネルギーに素直に反応して安定・強化してくれるため、自在に高いレベルのメンタルダウジング、エネルギーヒーリングが可能です。

アトランティスペンデュラム　プロテクションと繁栄

オリジナルの形状が刻まれたリング（１８６０年に王家の谷で発見）をペンデュラムに採用しています。ベリザルとモレルの研究では、高レベルの守護エネルギーを放つ形状としてとらえていましたが、エネルギーエミッターとしての側面が埋没された知識として使われずにいました。この唯一無二の形状をダウジングで使わない理由はありません。現在では新たに、ゴールドを中心とした繁栄のエネルギーを持つペンデュラムとして製作され、ヒーリング系の機種として機能を果たしてくれます。

Ｈ３イシスペンデュラム　人へのヒーリングに特化

現代社会においては非常に多くの人工的なエネルギーが発生し、残念ながら生活環境のエネルギーレベルは低下していると言えるでしょう。その中で場のエネルギーバランスも有効にできる、聖地を象徴するハーモニックエネルギー（ネガティブグリーン／ウルトラバイオレット／ゴールド）をイシスペンデュラムにプラスしたのがＨ３イシスペンデュラムです。最高レベルと言われるハーモニックエネルギーは、パワースポットのエネルギー、聖地のエネルギー、バイオジオメトリーという分野ではＢＧ３、エネルギーセンター、コズミックエネルギーとも呼ばれています。

この調和エネルギーは場所（空間）にのみ使われてきた歴史があり、例えばコンディションが悪い人に対して扱えばエネルギーあたりを起こしてしまいました。そのような現状を踏まえ、Ｈ３イシスペンデュラムではイシスとのコンビネーションによって人に対して安全かつ効果的に扱えるように設計されています。基本の４セル、ヒーリング用にパワーアップした６セル、電磁波やジオパシックストレス対応型の９セル、現存するペンデュラムの中で最大のハーモニックエネルギーを放射する19セルの機種があります。

エナジーペンデュラムはなぜ真鍮製なのか

機能性ペンデュラムで行うことは、100年前のプロダウザーたちの頃から基本的には変わりません。形状エネルギーを利用して探知を容易にする、そのエネルギーを利用して対象のエネルギーの変換や変質を行う、それはヒーリングやバランシングと呼ばれるものです。

現在では形状の複合体が生み出すエネルギーを扱うわけですから、ペンデュラムの素材はとても大切で、その多くが不純物のない金属で作られています。そもそも金属とは金・銀・銅・鉄・鉛・水銀などの金属元素とその合金との総称であり、他の物質にはない光沢（金属光沢）、展性・延性を有し、電気と熱をよく伝えるものです。

ではどの金属がよいのかと言えば、加工性の高さに加え、伝導率が大切です。伝導率とは、運びたいものがどれだけその金属を通過するかということで、一般的には電気の伝わりやすさ（導電率）で考えます。導電率が高い金属は、サトルエネルギーの伝導率も高くなるからです。ちなみに、銅のバングルを腕につけてエネルギーを高めようとするダウザーもいます。銅はエネルギーの伝導率が特に高い金属です。

各金属の導電率（ＩＡＣＳ）は銀105・7、銅100、金75・8、アルミニウム59・5、真鍮26〜

43、亜鉛28・4です。硬さと伝導率と価格のバランスを踏まえれば銅と亜鉛の合金である真鍮が適切であり（亜鉛の比率が20%を超えると真鍮となります）、主要なペンデュラムに採用されています。

ちなみに仏具や法具もその多くが真鍮製ですし、ブラスバンド（ブラスとは真鍮）というくらいですから金管楽器にも使われています。また、五円玉（真鍮製）を振り子にしてダウジングする人は多いのですが、不思議なことに五十円玉（ニッケル製）で行う人は聞いたことがありません。感覚的に真鍮製の五円玉を選んでいるのではないでしょうか。

理想のペンデュラムを製造する挑戦 G・E・M・シリーズ誕生

レプリカのエナジーペンデュラムが多く流通する中、私はダウジングの専門家として良質な機種をつくりたいという思いが芽生えていました。一定の幾何学形状は一定のエネルギーを放つ、その法則に基づき目的に即した形状を使い、さらに形状を複合させ、ペンデュラムをつくるのです。

20年以上前になりますが、私は自動車や船の大手メーカーに溶接をする電極やシステムに関わる機器の仕事をしていました。その時に培ったシビアな金属加工技術や人脈を活かし、妥協なき理想のエナジーペンデュラムを国内でつくることにしたのです。

日本では品質の安定を求められるため、ミルシート（成分分析表）で金属の品質を確認管理します。真鍮でいえば、銅と亜鉛の最適な混合比率だけでなく、不純物がどれだけあるのかを管理しており、ＪＩＳ（日本産業規格）にもその規格が複数あります。

５年の歳月をかけて、私は成分管理された良質な真鍮でペンデュラムをつくりました（Genuine Energy Models G・E・M・シリーズ）。もちろん、これまで解説してきたエネルギー理論を応用しています。

エネルギーは色、角度、音、動き、さらには香りなど、いろいろなものに翻訳できます。そのように引き出しを増やすことはダウジングの可能性を増やし、効果を増していくことになります。同じエネルギーでもアプローチ方法が違うと効果が変わることはよくあります。そのため、ヒーリングを行う人の引き出しはたくさんあればあるほど良い、と言われるのです。

Lロッドのトレーニング

6章

協会公式
Lロッドテキスト
完全公開

Lロッドで探知（ディテクション）と追跡（トレース）をマスターする

ダウジングとは「探知と変換」だと前述しましたが、エネルギーを感じる力とエネルギーを変換する力は別物です。つまり、感じなくても効果を出すことができます。逆に感じる力はあってもエネルギー変換ができない人、エネルギーをコントロールできない人もいます。しかしながら、感じる力と変換する力は車の両輪でもあり、両方バランスよく高めていくことで、対応できることの幅が広がります。

Lロッドはアンテナのような役割をするツールで、主に広い空間でのダウジングに使いますが、ダウジングの基本である**探知**（ディテクション）と**追跡**（トレース）を身に付けるためにも最適です。ペンデュラムだけでは身に付きにくい能力が習得できることでしょう。昨今は場（空間）のダウジングやバランシングが必要とされているので、Lロッドは必須アイテムです。これから解説する段階的なトレーニングによって簡単にマスターできます。ぜひ始めてみてください。

Lロッドの種類と大きさ

Lロッドの素材には、真鍮や銅などの金属が使われています。真鍮は中庸的なエネルギーの金属と考えられており、銅はエネルギーの伝達がよい金属だからです。形状としては、グリップ部分が筒状になっており、L字のロッドがその中でスムースに動きやすくしたスリーブ型が多く使われています。

空間ダウジングのスペシャリストたちは、あえて銅の無垢材を曲げただけのものを好んで使います。掌でエネルギーを感じやすいこと、そしてLロッドの感度調整（動きやすさ）を握りの強弱で瞬間的に変えられるからです。ただ、入門者にはグリップ部分に筒状のスリーブがあって動きがスムースなものがよいでしょう。

サイズは大きいものでは１ｍもあり、広大な大地でダウジングするような場面で好まれます。10㎝程度の小型Lロッドは、人のオーラ測定など小さい対象に使われています。日本での実情を考えると、23㎝前後のミニロッドが使いやすく、持ち運びにも便利です。

Lロッドのトレーニング 構え方からプログラミングまで

Lロッド自体に特別な仕掛けはありません。適当な太さのL字の金属棒をホームセンターなどで調達すれば、Lロッドとして使うことができます。

トレーニング① Lロッドを構えて歩く

まずはLロッドを持って歩いてみましょう。室内でも屋外でもかまいません。Lロッドを手に持ち、肘を45度にして構えます。最初は腕や特に肩に力が入ってしまうことが多いようです。Lロッドを左右水平にして、できるだけリラックスしてあちこち歩き回ってみてください。

歩いていると、何かが起こりましたか？　どこか特定の場所でLロッドがおのずと動きませんでしたか？

トレーニング②肘の角度によるバランスと感度調整

Lロッドを平行に身体の前に構えた状態をサーチポジションといいます。何かを探知するための準備姿勢として、このサーチポジションをとります。肘を起点として前腕を上げたり下げたりしてみましょう。

肘の角度を広げて手先が下に降りていくと、Lロッドは動きにくく鈍感になります。さらに下げていけば、最後はだらっとLロッドが下に垂れた状態になると思います。逆に肘の角度を狭めていき手先を上げていくと、Lロッドは動きやすく敏感になります。さらに上げていくと、Lロッドは水平位置を維持できなくなり、内側に倒れてしまうか、外側に開いてしまいます。

こうして上げ下げをしながら調整していくと、わずかにLロッドが下を向いているポジションでバランスをとると扱いやすいことがわかるでしょう。その位置がサーチポジションです。Lロッドで何かをしようとするときは、常にこのポジションから始めます。あなたにとってベストのサーチポジションを探してみてください。

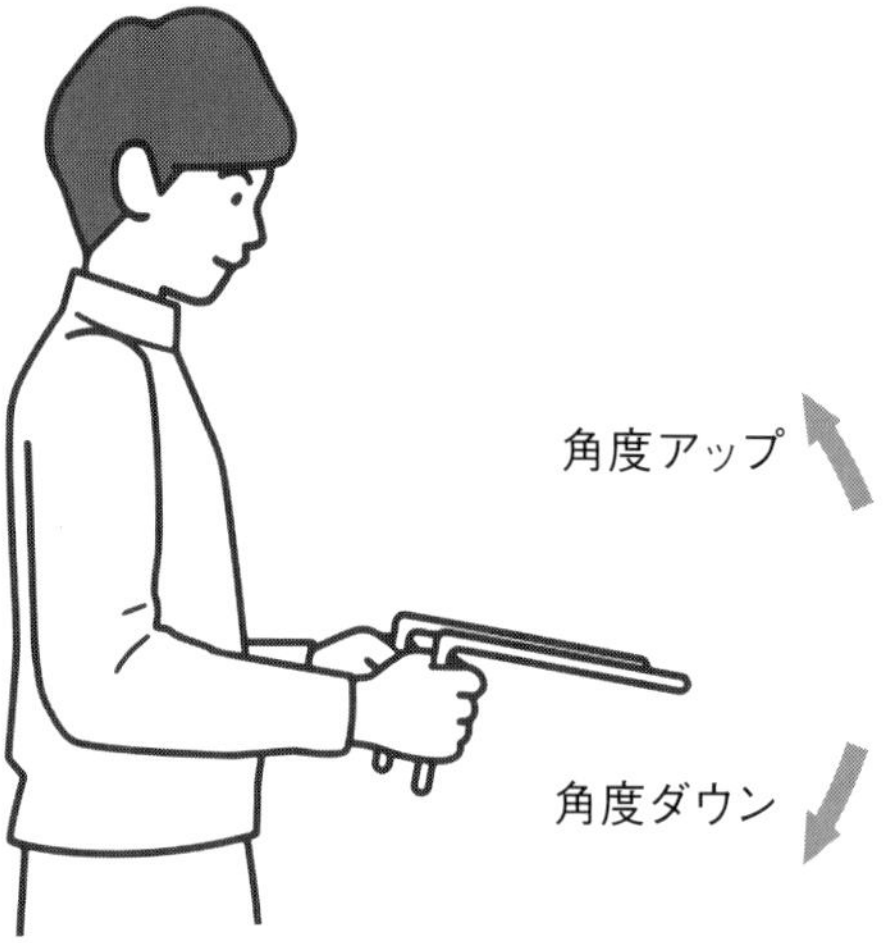

サーチポジション

最初は角度を上げすぎず、バランスを取りやすい位置に構えて練習して、慣れたら角度を上げてみてください。

ダウジングのワークショップで受講生の皆さんが初めてＬロッドを扱うときは、まるで泥棒が足音を立てないように抜き足差し足の歩き方をすることがあります。最初は補助輪を取って自転車の練習をする子どものように恐る恐るという感じになりますが、すぐに慣れて通常の姿勢に戻ることでしょう。

最初はちょうどよいところでバランスをとるのが難しく、Ｌロッドを注視しすぎたり、腕や肩に無駄な力が入りやすくなります。しかしながらこれも慣れの問題で、すぐに特に意識したり注意深くしなくても、バランスをとってリラックスして歩けるようになります。

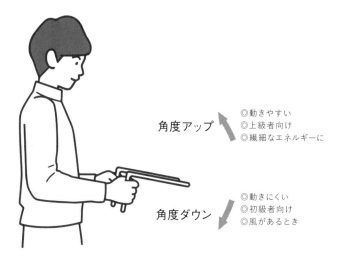

トレーニング③動作の誘導

Lロッドはサーチポジションから、閉じて**クロス**する、あるいはロッドが左右に開く**オープン**の2つが代表的なサインです。この2つの動きを意図的につくってみましょう。

サーチポジションの姿勢から前腕を親指側の方向（つまり前腕を内側）に内旋させてみてください。Lロッドは内側に動き、**クロス**する動きを確認してくださ い。次は反対に前腕を外旋させてみてください。Lロッドは広がり、**オープン**します。このように動きが起こる原理を理解しましょう。

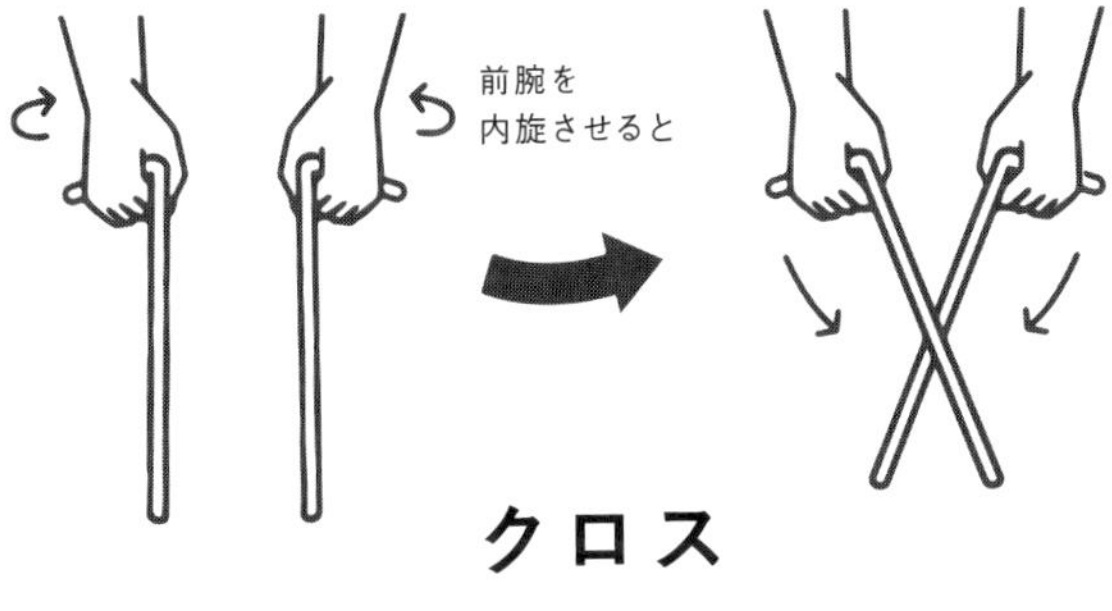

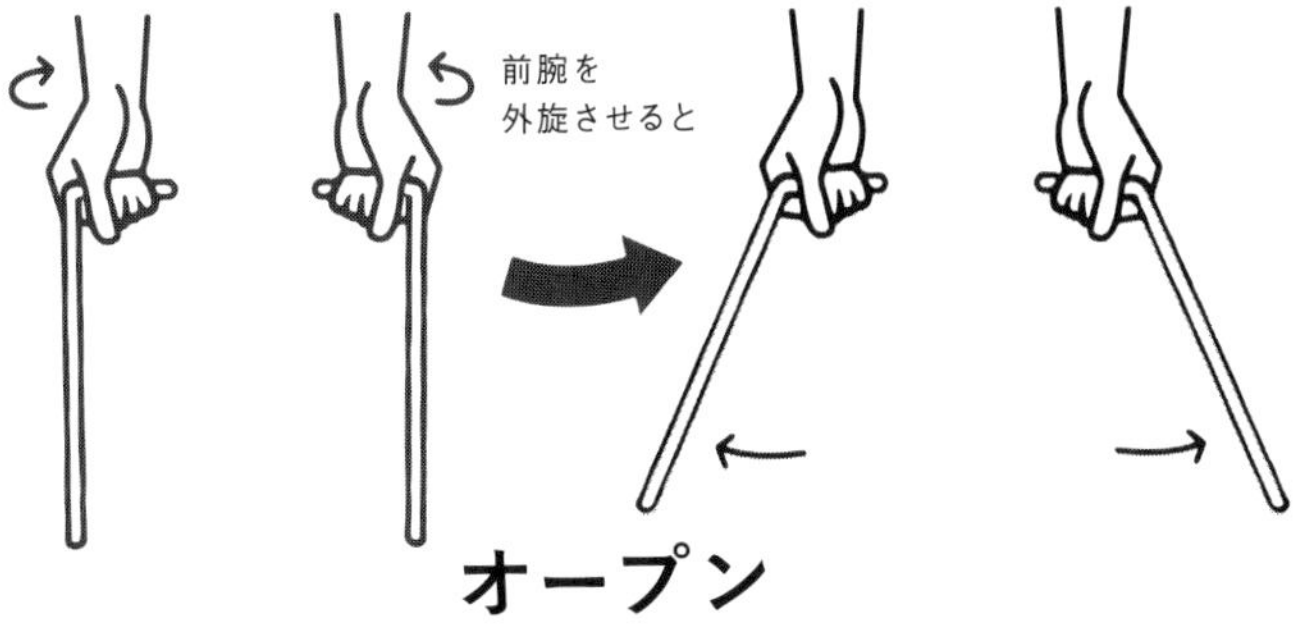

トレーニング④クロス／オープンのサインのプログラミング

チーティング（cheating）のテクニックを使って、Lロッドのサインをプログラミングしていきます。「クロス」と口に出しながら（あるいは思いながら）、前腕を内旋しつつLロッドをクロスさせます。そのときLロッドが自分の力で動いたようにイメージしながら、意図的に動かします。このように、ちょっとだけわざと動かすことを**チーティング**といいます。

これを何度か繰り返すと、だんだん「クロス」とイメージしただけで、自分は力を入れていないのにLロッドが自然と動くようになります。繰り返し練習していくと、「クロス」とイメージするたび即座に、Lロッドがまるで生き物のように（無意識のうちに）イメージ通り動き出すでしょう。

同じことをオープンでも行います。そして、クロス↓オープン↓クロス↓オープンと交互にイメージして、Lロッドを動かしてみてください。腕を固定させたままできるようになるまで続けますが、うまくいかなければチーティングを混ぜて助けます。つまりちょっとわざと動かしてあげるわけです。繰り返していけば、必ず無意識でもできるようになります。

容易にできるようになったら、各サインからサーチポジションに戻す動きも加えてみましょう。サーチポジションでは、平行かつ前方にポジショニングするため、この動きを**パラレル**といいます。クロス／オープン／パラレル、メンタルコマンドでこの3つの動きをつくるトレーニングを行っていきます。

メンタルコマンドとはメンタルダウジングの基本テクニックであり、いちばん有効なのが「声に出す」で、次に「心の中で唱える」、その次に「イメージする」となります。そのため、最初は声に出して練習してみましょう。最終的にはプロダウザーのように、イメージというプロセスさえも省いて瞬時にできるようになるでしょう。

チーティングとは本来は「不正な行為をする」「ずるいことをする」「だます」という意味ですが、ダウジングとしてはプログラミングのために使う正当な行為で、頻繁に使われています。ぜひ有効に取り入れてみてください。愛犬に芸を教えるときのようなものです。いきなり犬に「お手！」と命じても、何もしてくれません。犬の前足を飼い主が持ち上げて手の上に載せながら「お手！」と叫び、ご褒美のおやつを褒めながら与える行為を繰り返すと、覚えてくれるものです。たとえチーティングだとしても、成功体験を繰り返すと、潜在意識下に「できる！」という自信が芽生え、より上手にLロッドを使えるようになっていくでしょう。

トレーニング⑤ヒットサインのプログラミング

次は、パラレルの状態から「ヒット」とイメージして、Lロッドがクロスするまでのトレーニングです。動きとしては前回までのクロスサインと同じですが、意味がまったく異なります。前回は単にクロスの動きをつくったのですが、今回は「見つける」という明確な意図を持ってサーチングし、そのターゲットを見つけたときに「見つけた!」「ターゲットにヒットした」ということを示すためのサインです。意図に対する動きというサインになります。

ではやってみましょう。パラレルの状態から「ヒット」とイメージしてLロッドが自然に動くまで続けます。それができれば、ヒット↓パラレル↓ヒット↓パラレルを何度も繰り返してみてください。

この段階ではプログラミングがスムースにできると思いますが、もし問題があるようならチーティングに助けてもらって、スムースにできるようにしていってください。もちろん、この場合のパラレルも同様に明確な意図があります。ヒットしていない、そこに存在していないということを示すサインとなります。

何かのターゲット上にきた際、Ｌロッドにヒットサインを出させるわけですが、何を基準にしてターゲット上にいると判断するのかを明確にする必要があります。つまり、Ｌロッドの先端がターゲット上にきたらサインを出させるのか、自分の足がそのターゲット上にきたらサインを出させるのか、このようなことが不明確なままだと探知した位置がずれていくわけです。

Ｌロッドの先端を基準にすると、ヒットしてクロスの動きをするたび、そのずれを換算して探知位置を理解する必要があり、誤差が出やすくなります。自分の足を基準にすると、位置はロッドの動きによって変化せずに一定なのですが、自分の身体にエネルギーを共鳴させて探知するという意識の度合いが高まり、もし害のあるものを探知しようとしていたら、自分の身体にその害のあるエネルギーを共鳴させてしまうことになり、いわゆる邪気受けを起こしやすくなります。

私自身は、Ｌロッドのグリップの位置を基準にして探知しています。つまり自分の身体ではなく、Ｌロッドを基準にしているのです。基準位置を明確にしてダウジングできますし、害のあるエネルギーを探知したとしても邪気受けを起こしにくくなります。ただし、どこを基準として探知するかは、メリットとデメリットを把握した上で、各自がやりやすい方法で行っていただければと思います。ひとりひとりに特性があるからです。

Lロッドのトレーニング 水道管の探知にトライ！

Lロッドの使い方を覚えたところで、屋外でダウジングしてみましょう。最初は水道管（配管）を探してみます。地下に埋まった水道管はとても見つけやすいですし、どこにでもあるので練習台として最適です。

トレーニング⑥自宅の水道管（配管）を探知する

まずは自宅の水道管をダウジングしてみます。最初はチーティングのテクニックを使ってみましょう。水道管がどこにあるのかわかっている段階で、あえて探知します。大事なのは「水道管を探す」としっかりとした意図を持つことです。一度、この意図を潜在意識に語りかけた後（メンタルコマンド）はプログラミングされるので、その後は「水道管を探す」とつぶやき続ける必要はありません。

サーチポジションでLロッドを握って歩き、ターゲットの上にくるとヒットサインとなる

最初は水道管のないポイントでノイズを拾う場合もあるでしょう。

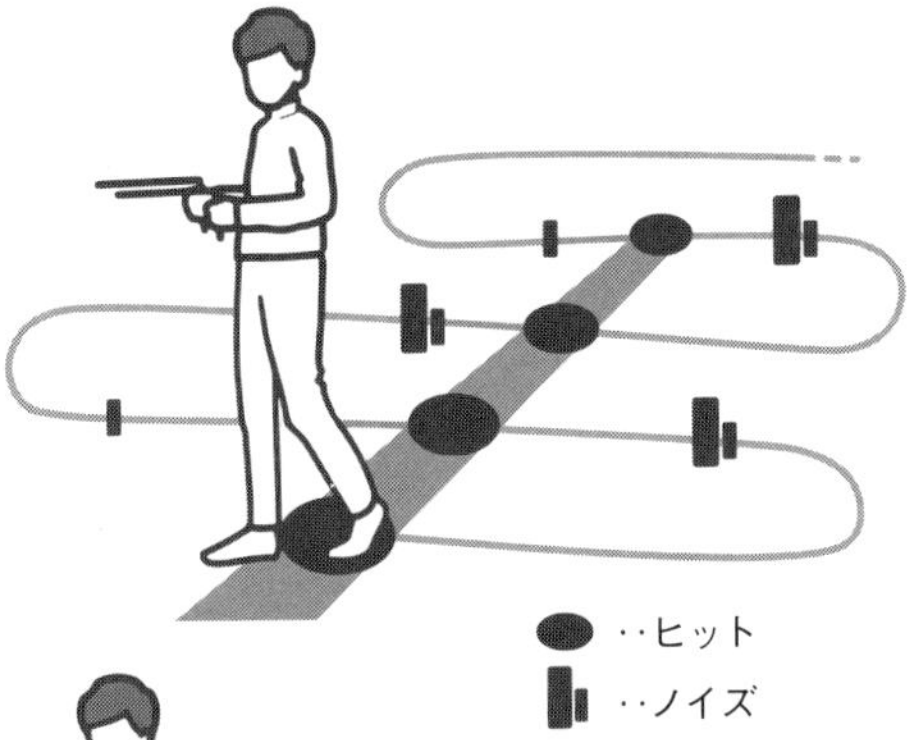

慣れていくと、このように水道管のあるポイントのみでヒットするようになります。

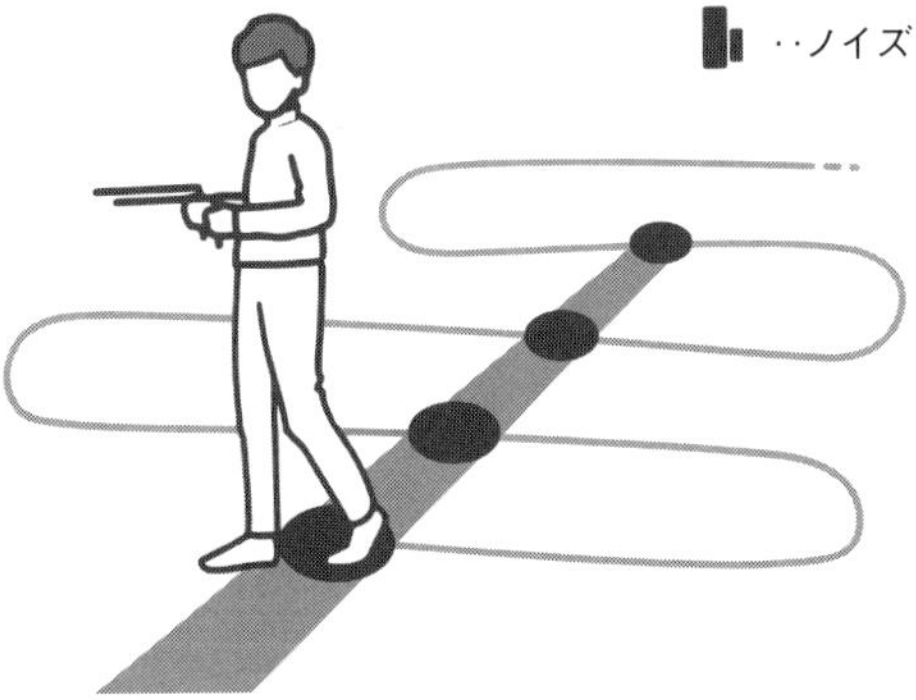

クロスを示し、通り過ぎたらサーチポジションと同じパラレルに戻ります。水道管に対して垂直方向に行ったり来たりしながら練習してみてください。

　クロスするヒットサインの方にばかり注意が行きがちですが、じつはこの場合、パラレルのサインも等しく重要です。それが「ターゲットはここにはない」というサインだからです。ターゲットの上にくるとクロス、ターゲットを通り過ぎればただちにパラレルになる、その動きによりターゲットの位置が明確にわかります。

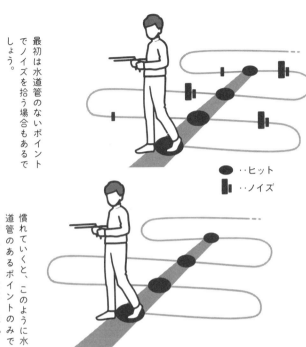

トレーニング⑦さまざまなものを探知する

次は身近にある文具、金属、お菓子、天然石、プラスティック製品、アクセサリー、紐や電源コードなどを試してみてください。対象物が見える状態で探してみたり（チーティング）、あえて絨毯の下に隠してみたりして実験してみましょう。反応しやすいもの、反応しにくいものがありましたか？　その違いをメモしておきます。そして実際にどこにあるかわからないものをダウジングして探してみましょう。何が起こりましたか？

▼上達のためのヒント

・対象によってその反応の仕方に違いがあったと思います。それはなぜでしょうか？
・反応が弱いもの、あるいは反応しないものに対する反応を改善する方法は何が考えられますか？
・ヒットサインがクロスと決めていたにもかかわらず、オープンを示すケースもあるかもしれません。あるいは探すものによってイレギュラーなサインが出ることもあるかもしれません。それはなぜでしょうか？

これまで「ヒットサインはクロス」ということで解説を進めてきましたが、もちろんダウジングのサインは自分に合う動き、あるいは自然に示される動きでかまいません。とはいえ「何かにヒットした！」ということが探すという行為に対し、ポジティブなものであれば、筋肉に力が入るのが自然な動きになるので、内旋方向に前腕の力が入りやすいものです。

例えばガッツポーズをすると、両腕に力を込めるために自然と内側方向にギュッと引き締まります。日常的に人は掌を外側に開くことより、掌を内側に向けて内旋方向に力を入れる動作を多くするからです。同じことがLロッドダウジングでも起こります。力を入れるときには、身体は自然に内側に閉じることで筋肉を収縮します。逆にリラックスをすると腕を広げ、身体を開くことで筋肉の緊張を解く傾向があります。

Lロッドのトレーニング
追跡のテクニック

Lロッドダウジングでは、ヒットサインを示す他にターゲットを指し示す**追跡**（トレース）という使い方があります。その練習をしていきましょう。

トレーニング⑧追跡のテクニック《チューニング》

まずは腕の動きの練習です。車のワイパーのように、左右に2本のLロッドを同時に動かしてみましょう。2本のLロッドが平行のまま左を指し示し、次にそのまま右に動かします。まさに車のワイパーのような動きです。

左腕を外旋、右腕を内旋させると左に動き、次に左腕を内旋、右腕を外旋させると右に動きます。手首の動きでも同じようにできますが、Lロッドが敏感に動く高さにセットして、手首をほぼ固定し、ごくわずかな前腕の動きでLロッドを動かすと安定します。そして、歩きながらLロッドにはほとんど注意を払っていない状態で、わずかな動作によってスムースにLロッドが動くようにします。ここまでは腕の動きの練習です。

次は、前述のようにチーティングを使いながら、左右にLロッドを動かします。「右に動いてください」「左に動いてください」とメンタルコマンドしながら。余裕があれば、回転の動き、開く（オープン）／閉じる（クロス）という動きもしてみましょう。

パートナーがいれば、目の前で人差し指を動かしてもらい、その指を追う練習をするとよいでしょう。右や左に動くその指をLロッドで追いかけてみます。2本のLロッドは指を追いかけてその方向を示します。

次のステップとして、パートナーに両手を使ってもらいます。パートナーの左手の人差し指を自分の右手に持つLロッドが追い、パートナーの右手の人差し指を自分の左手に持つLロッドが追うのです。

左右の指の距離が開けばオープン、指の間隔を狭めればLロッドはどんどん閉じていき、パートナーの2本の指がすれ違ってクロスすれば、Lロッドもクロスします。次は、パートナーに両手の指が一貫性のない別の動きをしてもらい、それぞれのLロッドが追いかけるようにすると、さらに扱いがうまくなります。

トレーニング⑨追跡のテクニック《実践》

実際に身の回りにあるものをダウジングで追跡してみてください。最初は、どこにあるのかわかっているものをLロッドに示してもらいましょう。食べ物、ペット、金属、プラスティック製品、天然石、アクセサリー、手紙、携帯電話、絵、いろいろなものを試します。その感度、反応などに違いが出ると思います。

次のステップとして、水道管の追跡をしてみてください。しかし、前回とは方法が異なります。水道管に対して左右に動いてヒットサインを出し、それをつないで見つけるのではなく、今回は水道管の上を歩く形になります。あるいは、水道管の上に立つと左右にLロッドが開いて水道管を指し示すかもしれません。そして次は、どこにあるのかわからない水道管をLロッドで追跡してみましょう。

Lロッドのダウジングは特にダウザーの個性が出やすく、また対象によって反応も変わってくるものです。例えば、探している物をイメージしながらLロッドが示す方向に歩いて、対象の上にきたら（あるいはその直前）、ヒットサインが出て「ここだ！」とわかったとします。これは通常の探知と追跡のテクニックを組み合わせているわけです。

ピンポイントで対象物を探すべき領域を決めることもできます。交差法というテクニックで、ある場所で「～のある方向を示してください」と言って直線を書きます。そして別の場所から同様に「～のある方向を示してください」と言うと、また別の直線を書くことができ、その2つの直線はどこかで交差し、そこが対象のある領域となります。

では、探している対象が大きい場合や広い領域の場合はどうすればよいでしょうか。領域をぐるぐる回ることになるかもしれません。あるいはその領域の範囲内ではヒットサインが出続けて、領域から出るとパラレルのサーチポジションに戻るということになるかもしれません。そういう状況を防ぐためにも、何かを探すときは必ず「～を示してください」や「～を探します」とメンタルコマンドしてからダウジングしましょう。探知と追跡のテクニックが無意識に混在するとダウジングが迷路に入り込むからです。

Lロッドのトレーニング
YES／NOクエスチョン

Lロッドを使ったメンタルダウジングの手法として、YES／NOクエスチョンがあります。これも身に付けておきましょう。Lロッドに「ニュートラルポジションを示してください」「YESサインを示してください」「NOサインを示してください」と語りかけてそのサイン（動き）を知るという方法がありますが、ここではLロッドにプログラミングする方法を紹介します。他のエネルギーテクニックとのマッチングが良いからです。

トレーニング⑩ YES／NOクエスチョン《プログラミング》

プログラミングの要領は、前述の方法と同じです。チーティングを使いながら、パラレルの形で「ニュートラルです」、クロスの形をつくり「YESです」、オープンの形をつくり「NOです」というようにメンタルコマンドをしていきます。

次は「YESを示してください」「NOを示してください」「ニュートラルを示してくださ

い」とLロッドに語りかけます。その通りの動きを示せば、次は答えが明確な質問をして動作確認してください。もし誤動作するようであれば、プログラミングの最初のステップからやり直します。

トレーニング⑪　ペンデュラムによる探知と追跡

Lロッドのトレーニングを紹介しているこの章ですが、ここでちょっとだけダウジング用のペンデュラムを使って、Lロッドと同じように探知と追跡の練習をしてみましょう。

ニュートラルは縦揺れで、サインは左記のようにプログラミングします。

探知＝縦揺れからヒットすると右回転する（ヒットサイン）
追跡＝ペンデュラムがターゲットの方向を示して揺れる

ウォーターディバイニング
水脈探しの実践

現代では水脈を探して井戸を掘ろうとする人はほとんどいないと思いますが、ダウジングはこの水脈探しにルーツがあり、その方法論は現代ダウジングにも応用されています。特にジオパシックストレス対策を行う際にも非常に役立つので、水脈探し（ウォーターディバイニング）をくわしく知っておきましょう。

ウォーターディバイニング①水脈の位置を知る

▼ウォークアラウンド・メソッド　Walk-Around Method

水道管を探知するときと同じくLロッドに「水脈を探します」とメンタルコマンドをして歩き回ります。ヒットサインの出た場所を結んでいくと、水脈の位置がわかります。この場合「水脈のある場所を示してください」と追跡のテクニックを使いながら、ヒットのサインをもらう方法が現実的です。むやみに動き回ってヒットサインを待つというのは非効率だからです。

▼トライアングレーション・メソッド　Triangulation Method（交差法）

Lロッドに「水脈のある場所を示してください」とメンタルコマンドして歩き回ります。すると、ある方向を示します。次に違う場所で同じことを尋ねます。こうして2本の線が引けることになり、その交わった場所に水脈があることになります。水脈のある一点がわかれば、追跡のテクニックを使ってその水脈の上をなぞって歩き、フラッグなどで印をつけていきながら、水脈全体の位置を探っていきます。

ウォーターディバイニング②水脈の幅を知る

水脈は水道管と違って自然のものゆえ、幅は一定ではありません。探知のテクニックでLロッドに「水脈の縁を教えてください」とメンタルコマンドして両端を調べます。その縁に達したときにヒットのサインを得て知ることになります。

ウォーターディバイニング③水脈の深さを知る

水脈の深さを知るにはいろいろな方法がありますが、最も使われているのはビショップズ・ルールです。フランス南東部に位置するグルノーブルの司教（Bishop）たちとM・ブレトン（M.Bleton）というダウザーが使っていたことがその名の由来です。

水脈上にフラッグなどの目印を立て「水脈の深さと同じ距離を歩いたら、サインをください」とメンタルコマンドして歩いていきます。その距離が水脈までの深さということになります。水脈があまりに深い場合は、実際の水脈までの10の分の1の距離で示す、というようにしていきます。つまりその場合は、1m歩いたなら実際は10mの深さを示すということになります。

ウォーターディバイニング④水の流れの方向や水量を知る

水の流れについては、追跡のテクニックを使います。「水の流れている方向を示してください」とメンタルコマンドして、Lロッドが示す方向が水の流れの方向となります。

水量はカウンティング・メソッド（Counting-Method）を使います。例えば次のようになります。ここではYES／NOクエスチョンを使います。

水は1分あたり20ℓ以上流れていますか？　NO
水は1分あたり10ℓ以上流れていますか？　YES
水は1分あたり15ℓ以上流れていますか？　NO
水は1分あたり14ℓ以上流れていますか？　NO
水は1分あたり13ℓ以上流れていますか？　YES

このような結果になれば、水は13ℓ以上、14ℓ未満となるわけです。

ウォーターディバイニング⑤水質を知る

メジャーロゼット（33ページ）を使います。色分けされた円盤を使い、対応する色を左手の親指と人差し指で挟み、水脈に意識をつないで、どの色と共鳴するかで水質を調べるというものです。左手の指で挟んだ色に対して、右手のペンデュラムがYESを示せば、水質はその色のエネルギーに相当するわけです。現代では、飲み水に適しているかどうかは科学的な水質検査方法を取るでしょう。しかしながら、昔の人間や動物は臭いや色、何らかの経験や感覚で、飲料水や食べ物が自分の身体に適正かどうかを決定していたように、現在もこのロゼットの手法はエネルギーの質の判断に応用されています。

カラーエネルギーへの反応

カラーエネルギーへの反応の仕方は、個性が表れます。人によって使い方も違いが出るものですが、特に色にはいろいろな意味があるので、それを利用してダウジングすることは役立ちます。色のバイブレーションは同種のさまざまな事象、感情と響き合います。その特性を利用してダウザーは探知や識別をし、必要なカラーエネルギーを増幅するのです。

ウォーターディバイニングの技術を応用する

日本では水道設備が整っているので、井戸を掘るために水脈を探すということは、ピンと来ないかもしれませんが、欧米では今でも水道設備がない地域があり、農場などで井戸が掘られています。過去のダウザーたちが高い優先順位で水脈探しを行って蓄積してきた技術は、次のように応用できます。

①水脈の位置を知る技術の応用

水脈を探すとき、その土地にある木の枝を使うと見つけやすいと言います。その土地にある水を含んだ木の枝は、その土地の水脈のエネルギーと共鳴しやすいのです。ダウザーは「水脈の位置にきたら反応して」とLロッドにメンタルコマンドして水脈を探しますが、この方法はダウジングの基本であり、例えば自分にとって快適に過ごせる場所を見つける、あるいは過ごさねばならない場所にある悪いポイントを対策する際に使えます。また、セラピストならクライアントの身体に対して、状態の分析やヒーリングすべきポイントを見つけるときに同じテクニックが使えます。

②水脈の幅を知る技術の応用

広い土地でダウジングすると、水脈だけでなく、アースグリッド（ハートマングリッドやカリーグリッドなど）が必ずありますし、レイラインのようなエネルギーラインもあります。アースグリッドの幅はおおむね一定ですが、レイラインの幅はさまざまで、バンドといって小さい帯のようなエネルギーの複合体から成るため、それらひとつひとつを調べていきます。その際、水脈の幅を知る技術がそのまま使えます。また、クライアントにエネルギーヒーリングをする際にも、オーラやチャクラの状態を測定しますが、その際にも応用できます。

③水脈の深さを知る技術の応用

水脈の深さを知るとき、前述のビショップズ・ルールを使いますが、これは水脈のあるポイントから水脈のある深さの距離を、地表での距離に置き換えて測定しています。この〝置き換え〟は、じつはダウジングでは主要なテクニックであり、マップダウジングでは離れた広い領域を縮小した地図に置き換えて探知しています。遠隔ヒーリングも、同じように離れた場所にいる人を人型に置き換えてヒーリングします。

④水脈の流れの方向や水量を知る技術の応用

水脈を見つけると、水の流れの方向も調べるように、土地のエネルギーを測定するときもそのエネルギーの流れる方向を確認します。なんだか難しそうなことのように聞こえますが、じつは比較的容易です。人のエネルギーの方向、チャクラの回転方向なども同じように行えます。前述のカウンティング・メソッド（200ページ）を使って、例えばヒーリング用のレメディの摂取量やタイミングを知ることもできます。

このレメディは毎日必要ですか？　ＮＯ
週に５日以上必要ですか？　ＮＯ
週に３日以上必要ですか？　ＹＥＳ
週に４日以上必要ですか？　ＮＯ
週に３日ですか？　ＹＥＳ

この例だと、週に３日レメディをとればよいということになります。

⑤水質を知る技術の応用

前述のロゼットを使って色との共鳴によって水質を調べていましたが、このテクニックは場所や人のエネルギー状態の分類にも使えます。色とダウジングは密接に結び付いているのです。ヒーリングする際には、探知だけでなく、相手に与えるエネルギーの質の分類・識別としてカラーを使うのも有効です。どのカラーエネルギーを与えるとよいのか、エネルギーヒーリングする際に、バランス化させるためのエネルギーとして色による分類を使っていくわけです。

Lロッドやペンデュラムで オーラを測定する

オーラとは、あらゆる人（生物）から発せられるサトルエネルギーの層です。オーラから、その人の性格や健康状態など、さまざまな情報を読み取ることができます。ヒーラーとして活動するダウザーは、このオーラをＬロッドで測定します。オーラの幅よりもＬロッドが長いと測定できないため、小さめのＬロッドを使います。

トレーニング⑫　Lロッドによるオーラの測定

オーラの測定は、水道管の場合と同じです。「○○さんのオーラに到達したら、ヒットサインをください」と意図設定してオーラの境界線を探します。人によってオーラの大きさや幅が異なるので、まずは実験がてら測定にチャレンジしてみてください。精度の高い測定方法として左の掌を広げてオーラを感じ取りながら、右手でＬロッドを握ってヒットサインをもらうようにします。その場合、左の掌の位置がオーラに到達したら、Ｌロッドがサインを示

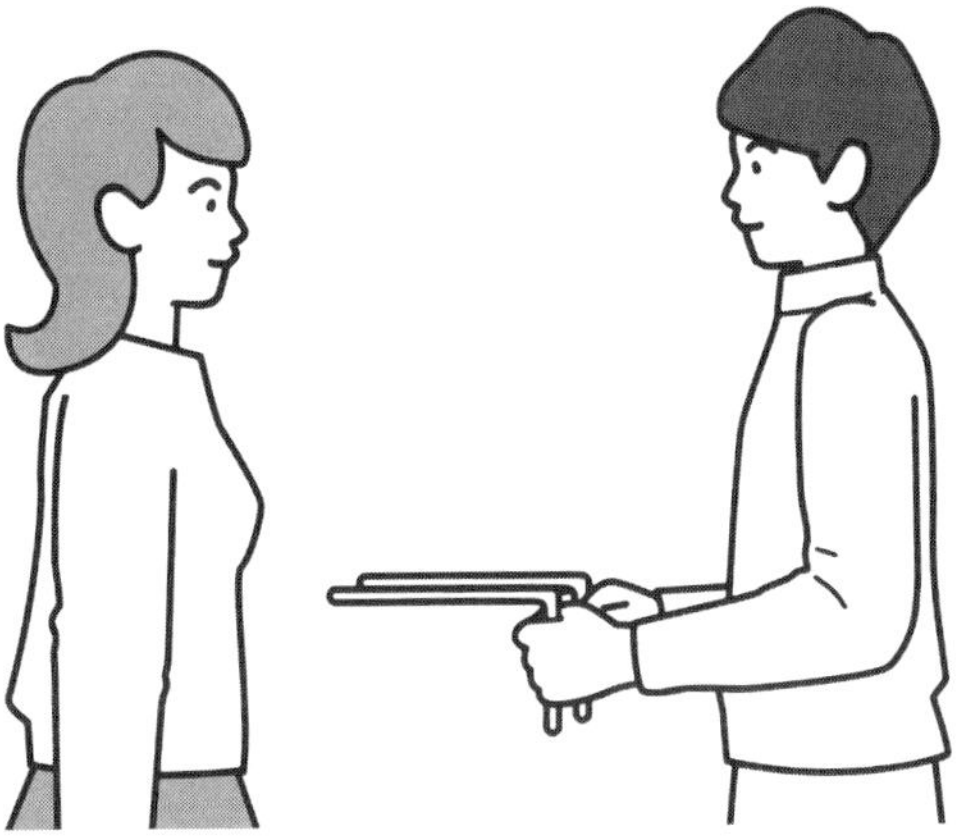

必要があればカラーロゼットやチャートを使って細部をダウジングしてもよいでしょう。人のエネルギー探知に慣れてきたら、植物や鉱物でも同じように試してみてください。

すように設定して位置を明確にします。左の掌の感覚の情報も活用していくと、さらによい探知ができるでしょう。

トレーニング⑬　オーラの変化の測定

パートナーと組んで、相手のメンタルコマンドによるオーラの変化を測定してみましょう。メンタルコマンドとは意図を持つことです。難しく考えることはありません。パートナーに愛情、憎悪、慈しみ、恋愛、悲しみ、緊張などの言葉を頭の中で言ってもらい（口に出さない）、その言葉によってオーラが変わるのかを測定します。頭の中で思い浮かべる言葉は、食べ物や品物などの名詞で構いません。それらの言葉によってオーラの大きさが変わることを確認してみてください。

オーラの測定方法

オーラの測定は、ペンデュラムでも簡単にできるので、ぜひ試してみてください。ニュートラルポジションから始めてオーラの縁に当たったときにペンデュラムにヒットサインを出してもらうようプログラミングします。それができたら、今度はペンデュラムを置き、ノンディバイスダウジングとして掌で同じようにやってみてください。わずかに重さを感じるところがオーラの際になります。

中には、オーラに接触したときに掌の感覚だけで相手の思考、どんなエネルギーなのかを感じ取る人もいると思います。ネガティブなことを考えていればネガティブな感じ、ポジティブなことを考えていればポジティブな感じがするでしょう。掌の感覚でいえば冷たかったり、温かかったり、チリチリしたり、ぼわんとしたり、いろいろあります。

中には、オーラを色として見る人もいます。オーラというサトルエネルギーは明らかに可視光ではありません。実際に色の着いた光を放っているわけではありません。なのに、なぜ色を見るのでしょうか。それは、色に変換して認識しているのです。

オーラを見ることに興味があれば、次のような練習をしてみてください。自分の掌を目の焦点を合わさないようにボーッと見てみます。すると、そのまわりにオーラがぼんやりと見えてくると思います。息を吐いたり、呼吸を整えたりするとそれが変わります。左右の掌を合わせてみる、指の先をつけて離してみると、さらにオーラが動くことでしょう。

オーラを香りに変換して感じる人もいるほどですが、いずれにしても感じ方は個人によって違うので、自分の得意な方法を使ってください。オーラの縁やその重さを感じる練習は私のセミナーでも時々やりますが、受講生のほぼ全員が感じているので、どなたでもできることだと思います。

次は、植物や物のオーラ測定を練習してみましょう。植物でも種類やコンディションによってエネルギーは変わってくると思います（もちろん物についても）。ここで大切なのは、人は頭の中に言葉を浮かべただけで自身のオーラが即座に変わるということです。

ちなみに「私にはこういうセンスがないから、いつもうまくいかないんです」と言ってダウジングする人がいます。もうお分かりになったと思いますが、その人は途端にオーラを小さくし、筋肉が緊張した状態になります。これではうまくいくわけがありません。うまくいかない〝呪い〟をかけているわけですから。メンタルダウジングにおけるプロトコルの重要性がよくわかります。

さまざまなダウジングロッド
ボバー／Yロッド・Vロッド／オーラーメーター

最も古いダウジングのツールは、棒状の鹿の骨、木の杖だと考えられており、かのモーゼも杖を使って水脈を探し当てたという記述が残っています。いわゆる魔法の杖もまさに棒ですが、この棒（ロッド）という形状は人差し指を大きくしたものでもあります。指の感覚やその人の能力を増幅する役目を果たしています。ダウジング用のロッドは、その必要性からさまざまな種類があります。

ボバー／テンサー

現代のダウジングロッドといえば、ボバーやテンサーです。反発性のある金属棒の先端におもりが付いたものや、金属の部分がばね状になっていて反発力を増しているものもあります。微細な動きをそのばね、あるいは金属そのものの反発力で増幅しています。手技療法をする施療家は、指で患者の筋肉を調整しているだけではなく、指から出る「気」を使っている人が少なくありません。手のエネルギーの便利さはエネルギーをつくりやすいことであり、手はエネルギーを敏感に感じ取るので、その力を増幅させるツールがボバーやテンサーになります。ダウザーはあたかも自分の手の指であるかのように、探知とエネルギー変換を行っています。

私はこのボバーの使い方を世界一の使い手といわれるカナダダウザー協会元会長スーザン・コリンズから、親しく交友しながら学びました。スーザンはジオパシックストレスにより、長い間リウマチに苦しんだものの、ダウジングで完治させたという背景を持ち、その経験からボバーを使った空間エネルギーヒーリングは秀でています。

スーザンがボバーで部屋のクレンジングを行うとき、一瞬で全体のエネルギーを感じながら、最初に部屋の角を、続けて部屋全体をまんべんなくボバーで診断し、動きを変えながらエネルギーリリースとエナジャイズを行っていきます。その様子は、ボバーが必要に応じて自ら動き出すかのようでした。

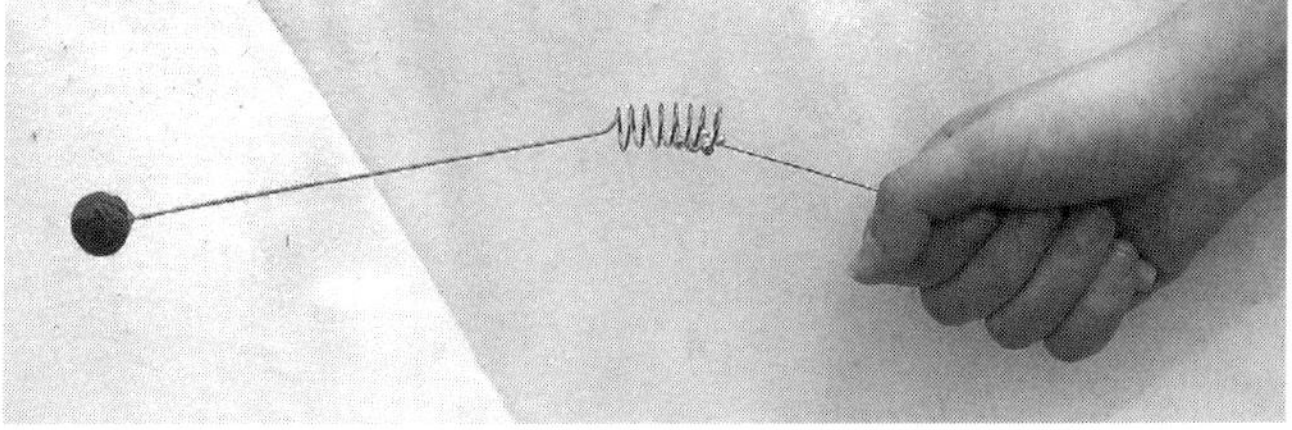

Yロッド／Vロッド

長い歴史があるツールに、Yロッドがあります。伝統的には、ヘイゼルや柳など反発性のある木の枝をY字状に切り取って使用します。イギリスでは、多くのウォーターダウザーが今でも好んで取り入れています。

反発力が良いということで柳が使われることが多いようですが、使っているうちにその反発力が落ちていくので、定期的に新しいものに変えていく必要があります。

土地のダウジングをするとき、その土地で育った木を使うことが望ましいと考えるダウザーもいます。最近では金属や樹脂製のVロッドが使われています。反発力が落ちないことが利点で、自由にしならせ、反発強度の調整も容易です。枝の先端部分がないことでV状の形になるのでVロッドと呼ばれていますが、本質的にはYロッドと同じ原理です。先端部分にウィットネスを取り付けられるもの、グリップ部分が回転するようになっていて、より動きがスムースなものもあります。

このVロッドの利点は何といっても反応の感度が良いことです。難点としては回転などの動きができないこと、方向を示すような動きができないことです（方向を知りたいときは、ダウザー自身が身体を回転させることになります)。

Vロッドは、先端部を地面に対して下に向けて垂直な状態にして、親指側を上にして持ちます。そして、前腕を外旋しながらVロッドを地面に対して平行に構えます。このときに強く親指側を外側にひねってロッドのテンション(張力)を強めれば、より反応が敏感になることでしょう。逆に、親指が内側に向かえば、テンションは弱くなります。コントロールできる範囲でテンションを強めると使いやすいでしょう。

探知を行うとき、ペンデュラムやLロッドは比較的ゆっくりした動きを待つわけですが、Vロッドの場合、素早い反応がきます。レスポンスが早いということは、移動しながらのダウジングに向いていますし、風などの影響を受けにくいのも特長のひとつです。

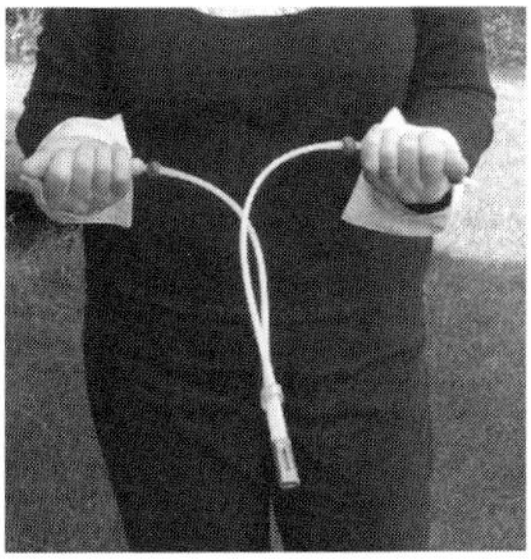

ターゲットのところにくると、ロッドは下側、あるいは上側にポンッと動いてそのサインを示します。あらかじめ「ターゲットのポイントにきたらロッドが下に動いてサインを示す」とプログラミングしておきます。

キャメロンオーラーメーター

オーラーメーターという名の通り、人間や動植物のオーラを測定・調整するためのツールとして発展してきたものですが、土地のエネルギーの繊細な違いまで分析・調整することにも長けたツールです。著名なアースエナジーダウザーもこのオーラーメーターを主に使っています。

じつに多機能なダウジングツールであり、これひとつでペンデュラム、Lロッド、Vロッド、ボバーの繊細な動きをします。さらに、先端部のポインターの角度を変えることで自在に感度の調整を行うことができ、コイルスプリング、関節の活用、持ち方、角度などで人、動物、物体、場所、あらゆるエネルギーの探知が可能です。その繊細な感覚から「自分の手のように感じる」「自分の身体と一体になったように扱える」とコメントする人もいるほどです。

開発者のヴァーン・L・キャメロン（1896〜1970年）は、1926年にダウジングを始めましたが、1年足らずで次々と水脈を探し当て、その名を世界に広く知らしめました。特に名声を得たきっかけは、カリフォルニア州サルトンシティの砂漠で1千フィート（約300m）の巨大な地下水脈を探し当てたことでした。キャメロンは、1930年にウォーターコンパスと呼ばれる初代モデルを開発し、試行錯誤の末、5種類のダウジングツールのアクションのすべてを導入した最終的な機種を1952年に完成させました。今では1万人以上のダウザーに使われ、最も感度の高いツールとして評価されています。

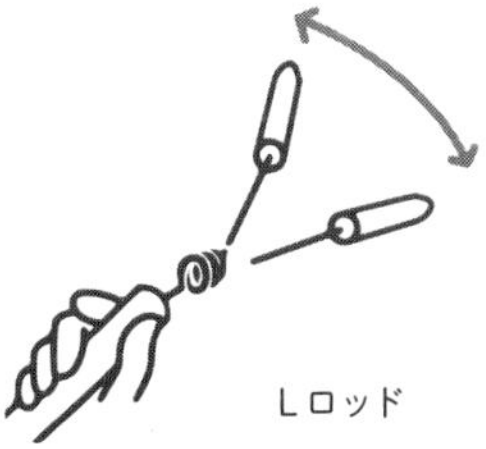

Lロッド

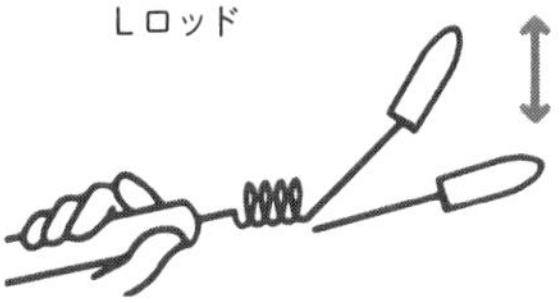

Vロッド

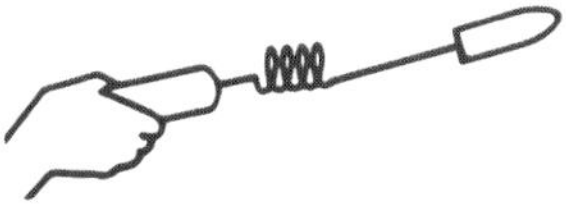

ワンド、ボバー

ペンデュラム

土地の状態をダウジングする際は、複数の動きを使い分けて探知していきます。

Vロッドで土地のエネルギー分析
フランスでのダウジングツアー

フランスのダウジングチームと1週間のダウジングツアーをした際、メンバーのほとんどは前述のVロッドを使っていました。本場のダウザーたちとずっと一緒にVロッドを使っていると、とても便利で使いやすいものだと思うようになっていました。

ちなみに、フランスでは「ダウジング」と言ってもほとんど伝わらず、「Radiesthésie」（ラジエステジ）と言えば大概の人に伝わりますし、「Sourcier」（水を探す人）と言えば間違いありません。ちなみに、ダウジング用ロッドのことはバゲットと呼ばれています。棒がダウジングの起源であることがよくわかります。

ダウザーは単独で活動するのが基本とはいえ、年に数回は仲間と集まって聖地のような場所へツアーに出ます。私がフランスで参加したときは各地のワインを飲みながらの旅となりましたが、ダウザーたちは皆元気で、70歳を越えたメンバーもたくさん食べて、飲んでいました。Vロッド、ペンデュラム、チャートがメンバーの携行品という感じで、特にチャートはそれぞれがオリジナルのものを本のようにたくさん持ち歩いて、必要なときに使っていました。

日本では神社巡りを好む人が多いですが、このツアーではよく教会を回りました。ダウザーたちは目的地に着くなり、散り散りに歩み出します。好きな場所に行き、好きなように歩くわけです。Vロッドで自分の行くべき方向を知ってそのまま歩きます。エネルギーゲートというエネルギーの高さと自分のエネルギーの落差があるところでは一定の場所に留まり、自分のエネルギーが十分にトップアップ（エネルギーが転写され、そのエネルギーと共鳴できるレベルに達すること）すると、歩みを進めます。彼らは自然の中の聖地を歩くときもそのようにしていました。

また、心静かにするべきと思う場所ではそうして、祈るべき場所で祈り、何か分析したい場所があればそうします。Vロッドの指し示すままに歩きながら、自分にとって必要なエネルギーを必要な順で得ていくという様子でした。

ゴーストバスティングに参加

旅の途中、ダウジングチームが近くに来ていると聞きつけてレスキュー依頼があり、急遽駆けつけるということがありました。

1件目は、あまりに広い敷地をもつ山の中のおしゃれなログハウスに住む夫婦から「どうも場所が悪いようだから見てほしい」という依頼でした。敬意をもって丁寧に接してくる夫婦でしたが、フランス語はわからないので、英語が通じるメンバーに聞いてみると、じつは「半分はダウジングを信じているが、半分は疑っている。どちらかというと信じたくはないけれど、どうも場が悪いとしか思えないことが続くので頼んでみた」ということでした。

エネルギー分析をするとハートマングリッド（東西南北に伸びた地球上のエネルギーライン）が見つかり、そのラインをVロッドで示して指差しながら「ほら、あそこの樹木を見て。露骨に育ちが悪いよね？」というように現実的に確認できることを説明すると、納得してくれたようでした。家のエネルギーバランスのアドバイスをして、その場を去ることになりました。

2件目の依頼は、いわゆるゴーストバスティングでした。不幸続きのパン屋さんの救援ということで、なんだか小話のようでユニークでしたが、本人たちにとっては深刻なトラブルが続き、悪霊がいるとしか思えないというのです。そこに着くと「え？ このお店は営業しているの？」と言いたくなるほどどんよりした空気で、悪霊がいる感が満載です。ここでパンを買う人なんているのかとすら思いました。リーダーのジェラール氏が入り口の前で「お前は来てはだめだ、お前はいい」と、バスティングメンバーを選別していきます。私もなんとか選んでもらえ、頭の中では映画『ゴーストバスターズ』のテーマソングが鳴り響いていました(笑)。

地下室へ降りると、道を挟んだ所にある教会と地下道でつながっていることがわかり、後ろを振り返ると何とも怪しい仮面の焼き物があったりします。結局はこの場にエネルギーの滞りがあり、その抜け道をつくるという対処をして終わった形でした。大げさに考えることなく、答えは意外と簡単なところにある、ということを実感した件でした。

悪霊や心霊現象というものは実際にあるのかもしれませんが、その99%は気の流れ、土地の持つエネルギー特性、電磁波などの影響からも見ることができると考えます。そのようなことならダウジングで調整できますし、生活環境の改善や、身体に良いものを食べ、適度に運動をし、太陽光を浴び、よく眠る、そういった当たり前のことで解決できることが実際はとても多いものです。

Column

ネガティブグリーンからBG3、H3へ

さまざまなエネルギーについて解説してきた本書ですが、ネガティブグリーンの発見を経た現在も活発に研究が進んでいます。特に画期的な成果としてはＢＧ３エネルギーの発見です。ネガティブグリーンに加え、ウルトラバイオレット、ゴールドの３つのカラーが同時に存在する状態が聖地というべき最高レベルの調和エネルギーであることを、エジプトのイブラヒム・カリム博士が発見しました。さらに人に対してはハーモニック３（Ｈ３）という概念が生まれ、ヒーリング用の機種に実用化されています。

これらの新たに見つかったエネルギーは〝聖地のエネルギー〟と称されますが、けっして特別なものではありません。ダウジングで探知すればわかりますが、皆さんが過ごす部屋でもＢＧ３やＨ３は検出できるでしょう。最高レベルの調和とは、じつは誰にとっても身近なものなのです。

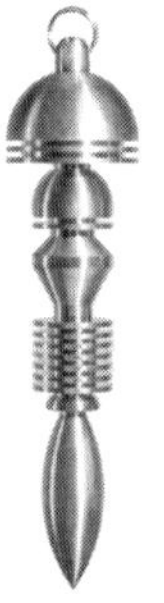

NKヒーリングマスターペンデュラムは、上部のヘミスフィアの複合形状によってコレクションされた細かく強いマグネティック・ネガティブグリーンをつくり、さらにアンクチャンバーを経由し、ジェドピラー構造によって〝運ぶ力〟と〝浸透する力〟を増幅させています。形状を最大限に複合させ、安全で効果的なヒーリングができるように設計されている機種です。このように調和エネルギーの研究は最新のツールにも採用され、ヒーリングセラピーの現場で活用が始まっています。

あとがき　調和のシステムを活かすために

私がダウジングと関わって、25年が経ちました。幾何学形状のペンデュラムと出合って海外へと飛び、学びの中で自然と縁がつながって、今があります。多少の葛藤はありましたが、心地よさや楽しさ、ワクワク感とともに活動してきて、気がつけば25年が経っていたという印象です。

現代でもダウジングが盛んに行われているのは欧米ですが、各国の協会やダウザー個人にはそれぞれ特徴があり、しっかりとした基本軸を持ちつつも、方法論や技術には違いがあります。彼らは環境や興味、必要性、積み重ねた経験により、今も独特の手法を発達させているのです。

ダウジングという世界は、先人たちが検証を積み重ねた絶対法則でありながら、自分で生み出すものであることを私は実感してきましたし、本書をまとめる上でもよく考えたことでした。

あるとき、気づいたことがあります。どんな分野においても、成功者の言葉に反論をする人はいないものです。それは、実際に結果を出した人たちだから。彼らが惜しげもなく教えてくれる方法論やマニュアルは、確かにその通りのものだと誰しも同意するでしょう。

それなのに、ずっと不思議でした。成功者が語ることを理解し、目標を明確にしてそれを達成させる論や手順を実践したとしても、ほとんどの人は同じように成功しないではないですか。私自身、何とも理不尽なことだと思っていました。しかしながら、成功者の方法論やマニュアルは、じつは本人が歩んだ道を振り返った思い出話であり、彼ら自身はけっして他人がつくったマニュアルを実践して成功したわけではなかったのです。そんな当たり前のことを……、と思われるかもしれませんが、私の経験を踏まえれば、こんな気づきから、自分の道が始まるのだと思うのです。

例えば「私にとって最適の仕事を示してください」と意図設定してダウジングすると、どうでしょうか。「私にとって最適とは、何を意味するのだろう?」という旅が始まります。最適とは給料が高いことか、休みが多いことか、何らかのスキルを習得できることか、良い出会いがあることか、人生の学びを得られることなのか。これはもはや仕事探しではなくなり、自分の生き方を探すこと、幸せを探すことにつながっていくでしょう。この旅において、ダウジングはどんな結果を示してくれるのでしょうか。

昨今、ますます答えのない時代になっています。誰しも自分の感性や個性で行動することが必要とされ、何らかの分野で成功するにも、シンプルに幸福になるだけでも、自分で感じ、考え、動くしかありません。

ダウジングとは自分で感じ、考え、行動して調和をもたらすためのシステムです。仕事や人間関係、どう生きるかにダイレクトに活かせるものです。ダウジングを解説した本書が誰かの役立つことがあれば、それに勝る喜びはありません。

最後になりますが、作家の田口ランディさんには前著に続いて、本書の執筆においても何度となく相談に乗っていただき、多大なるエネルギーをもらいました。ランディさんは、ダウジングに最も理解と探究心を寄せてくれる作家のひとりです。そもそも「ダウジングは、超常現象ではない。」は、ランディさんが私の協会に寄稿してくれたエッセイの一文であり、本書のタイトルとして使わせていただくことを快く了承してくださいました。深い感謝とともに、筆を置きたいと思います。

ＪＳＤ日本ダウジング協会　加藤　展生

著者 加藤 展生

1965年静岡県掛川市生まれ。1998年よりヒーリングセラピストとして活動を始める。さまざまな問題を抱えた人たちを施術するうち、既存のヒーリング手法に限界を感じ、「ほんとうに人を癒やすものは何か?」と模索する中、古代エジプト神秘形状エネルギーを利用したダウジングヒーリングと出合う。各国のダウジング協会と技術交流を重ね、独自のダウジング理論を構築し、2012年にJSD日本ダウジング協会を設立。全国でワークショップを開催し、ダウザーの育成を進めている。著書に『エナジーダウジング』、田口ランディとの共著『ダウジングって何ですか?』(ともにホノカ社)がある。趣味はアサガオの栽培、登山、テニス、パワーリフティング。

本書に関するお問い合わせ

JSD日本ダウジング協会®

〒420-0046 静岡県静岡市葵区吉野町4-7
TEL 054-270-5490 info@dowsing.jp

エナジーペンデュラム 商標登録 第5622353号
日本ダウジング協会 The Japanese Society of Dowsing 商標登録 第5519555号

挿 画 FUKU illust

ダウジングは、超常現象ではない。
エジプト神秘学とフレンチラディエスセシア

2023年10月9日 第1刷発行

著 者 加藤 展生
発行者 中村 茂樹
発行所 ホノカ社
〒571-0039 大阪府門真市速見町 5-5-305
電話 06-6900-7274 FAX 06-6900-0374
E-mail info@honokasha.jp

印刷所 シナノ印刷

© 2023 Nobuo Kato, Printed in Japan

ISBN978-4-907384-08-1 C0011

造本には十分注意しておりますが、乱丁・落丁の場合は、お取り替え致しますので、小社までお送りください。

本書の一部あるいは全部を無断で複写・複製することは、法律で定められた場合を除き、著作権の侵害となります。